날마다 좋아지고 있습니다

프롤로그

성장의 레시피

한때는 겁도 없이 주 60시간을 일했다. 이 압도적인 업무 시간 자체가, 실패할 수밖에 없는 과제들 속으로 나를 내몰며 살았던 흔적이었다. 내가 할 수 없는 일을 하겠다고 나서는 동안 자주 무리하고, 상처 입고, 위축됐다. 도전과 실패가 반복되는 동안 몸과 마음이 축났다. 목이 아플 때는 숨이 잘 쉬어지지 않았고, 이틀에 한 번꼴로 심각한 두통이 찾아왔다. 한껏 예민해져서는 강아지가 짖는 소리, 대중교통에서의 무례한 제스처, 가까운 사람들의 맞는 말 한 마디 한 마디에 일일이 휘청거렸다. 그런 상태로도 어찌 됐든 꾸역꾸역 일했다. 업무량이 많지 않다는 핑계, 이 정도는 다들 버틴다는 핑계로 내 상태를 제대로 인정하지 않았다.

지금 그때를 돌아보면 황당하게 느껴지곤 한다. 몇 년 동안 내 삶을 통째로 바쳐도 될까 말까 한 일이라면, 사실은 나에게 굉장히 무리한 목표를 설정한 게 아닌가. 도망치면 된다는 당연한 사실을 인지하지도 못할 만큼 내가 나에게 바라는 것이 비대해져 있었다. 한 번도 내가 정해둔 목표를 달성한 적이 없어서 잘하고 있는 때에도 잘하고 있는 줄 몰랐다. 지금 와서 누가 '20대를 잘 보냈니?' 물어본다면 '그만하면 잘 살았습니다!' 하고 당당하게 이야기할 수 있는 20대였다는 걸 너무 늦게 알았다.

높은 목표를 설정하는 것, 그리고 포기하지 않는 것, 그걸 성장의 레시피로 알았는데, 아니었다. 크든 작든 목표에 닿는 것, 그것을 충분히 누리고 만족하는 것, 그렇게 얻은 단단함으로 계속 나아가는 것이 중요했다. 그러기 위해서 도달할 수 있는 목표를 설정하고, 분수에 맞지 않는 과제로부터 도망치는 요령이 필요했다. 도망쳐서는 나아갈 수 없을 거라는 막연한 생각은 불안 공장에서 뿜어져 나오는 매연이었다. 나아가기 위해서 도망가야 할 때도 얼마든지 있었다.

도망친 동안 이제까지 제대로 읽지도, 덮지도 않고 지나쳐왔던 내 이야기들을 다시 들춰봤다. 그리고 글로 쓰기 시작했다. 내게 이런 일들이 있었고, 나는 그때 이렇게 느꼈고, 나한테는 이런 의미가 있었다고 썼다. 그렇게 내 마음 책장 어딘가에 한 권씩 신중을 기울여 꽂아두었다. 책들이 가지런히 꽂힌 책장을 보고 나서야 나에게도 이렇게 많은 이야기가 있다는 걸 알게 됐다. 도망치는 건 분명 겸허해지는 경험이었지만, 그 때문에 결코 절망하거나 쪼그라들지는 않았다. 오히려 도망치고 난 후로 나에 대한 신뢰가 깊어졌다.

각자의 한 달을 그래프로 그려본다면 예외 없이 오르락내리락할 것이다. 혼란 속에서 정체된 날도 있고, 이제까지 해온 것을 모두 잃고 바닥으로 떨어진 것처럼 느껴지는 날도 있을지 모른다. 하지만 80년, 90년 인생을 그래프로 그려본다면 어떨까. 가까이에서 보면 구불구불할지라도 멀리서는 분명하게 오른쪽 위를 가리키고 있지 않을까. 뜻대로 되지 않는 일로부터 알게 된 두려움, 무력감과 같은 복잡한 감정들과 묵직한 깨달음은 언제나 나를 더 나은 사람으로 만들었다. 앞으로 어떻게 살아가야 할지 눈앞이 깜깜한 날들 속에서도 우리는 한 번도 나아지지 않은 적이 없었다. 구불구불 걸어가는 이 모든 날이 성장의 과정이라는 걸 잊지 말았으면 좋겠다. 멕시코에서는 "좋은 하루 보내요"라는 말 대신 "날마다 더 좋아지세요"라고 인사한다고 한다. 오지랖일지 모르지만, 이 책을 펼친 분들께 손 흔들며 이렇게 인사하고 싶다. "날마다 좋아지세요!"

목차 ──

프롤로그 | 성장의 레시피　4

기쁨 | 너와 나의 정원

기분 좋음의 함정　15
우리는 한때 살기 위해 귀여웠다　17
너와 나의 정원　20
전지적 강아지 시점　24
대결 맛있는 패밀리　28
몸의 기억　37
사물을 매만지는 기쁨　40
하늘 보고 숨을 두 번 쉬면　43

회복 | 성장은 달팽이보다 느리다

수치심 없이 좌절을 견딜 수 있을까　49
다들 이쯤은 참고 살지　52
나를 좀 도와줄 수 있어?　57
똑똑함은 나의 방패　60
못 하겠어요　65
매일 만족하는 연습　71
중심선　77
성장은 달팽이보다 느리다　80
그건 정신 승리 아닌가요?　86
조금 배고픈 상태의 행복　90
다시 무너질 거예요　94

마음가짐 | 뿌리내리면서 튀어 오르자!

남들이 다 좋다는 게 나는 싫을 때　103
나라는 인간의 가치　107
문제와 씨름할 때는 문제가 없는 곳으로 가본다　111
실패가 반복된다면　114
눈치 보고 삽시다　118
시들어가는 개나리를 바라보는 마음　123
내가 먼저 알아봐 주면 된다　127
힘든 시기에 쉬지 못하고 있다면　130
뿌리내리면서 튀어 오르자!　133
자연의 성장 곡선　135

쉼 | but you're PERFECT!

오늘 안에 저 쿠크다스를 여기까지 옮겨야 해　141

넷플릭스는 나를 구원하지 못한다　145

스위치를 켜야 해　149

일 바깥에 지지대를 만든다　153

모두를 만족시킬 수는 없다　156

무조건 행복해지는 모닝 시퀀스 1　159

무조건 행복해지는 모닝 시퀀스 2　161

가끔은 이기주의자가 되어도 괜찮아　164

할까 말까 할 때는 하는 게 좋다　167

모든 일에는 목적이 있다　170

쉼의 장면 다시 보기　174

내 몸이 잘 쉬도록 도와주기 위한 체크리스트　180

일 | 오래, 즐겁게 일하기 위해

지켜서 나아가기　187

별점 세 개를 받았다　190

잘 쉬기 위해 예측 가능하게 일하기　194

열심히 하는데 왜 안 되지?　201

살아남기 위해 필요했던 것들　206

매일 조금씩 적당히　214

브레이크 위에 발을 올려둔다　218

기쁨

*

너와 나의 정원

기분 좋음의 함정

아침마다 명상을 안내하는 일을 하다 보니, 프로그램에 참여한 사람들이 하루를 '기분 좋게' 시작할 수 있도록 부단히 노력하게 된다. 그런데 자꾸 기분을 좋게 하기 위한 노력을 기울이는 것이 '기분이 좋아져야만 한다'는 기대와 연결되는 것 같아서 자꾸 찜찜한 마음이 들었다.

평소에도 기분이 좋아지는 것을 일종의 목표로 생각하는 경우가 많은 것 같다. 기분이 좋다면, 좋은 것을 유지해야 하고, 기분이 안 좋다면 얼른 벗어나야만 한다는 생각에 사로잡힌다. 물론 나도 스스로 기분을 좋게 만들기 위해서 꽤 분투하면서 살아가는 것 같지만, 문득 이런 의문이 든다. 정말 기분이 늘 좋아야만 할까? 기분이 좋다는 건 어떤 상태를 말하는 걸까?

한순간 기분이 좋다고 해서 제대로 살아가는 것도, 기분이 나쁘다고 해서 제대로 살고 있지 못한 것도 아니다. 기분이 대단히 좋은 상태가 따로 있는 것도 아니다. 오히려 '기분이 좋아야 한다'는 집착에서 벗어날 수만 있다면, 기분이 대단히 좋은 상태라는 게 따로 있을 거라는 판타지에서 벗어날 수만 있다면, 사실 오늘 하루에도 기분 좋은 순간이 끊임없이 계속된다는 것을 알아챌 수 있다.

맛있는 음식을 음미하며 먹을 때, 아침에 5분 더 잘 수 있을 때, 강아지가 나에게 달려올 때, 하루의 첫 커피 한 모금, 출근길 버스가 왔을 때, 기다리던 택배가 왔을 때, 보드라운 바람이 불 때, 샤워하며 좋은 향을 맡을 때, 뻑뻑한 눈을 잠시 쉬게 하려고 눈을 꼭 감았을 때, 기지개를 켜면서 팔과 어깨에 혈액 순환이 될 때 은근히 기쁘다.

기분 좋은 상태를 목표로 하지 않는 것만으로도 한결 기분이 나아진다. 그래, 이런 기분도 나쁘지 않아! 지금 이 정도면 충분해! 이제껏 내가 기대한 기쁨의 정도가 너무 지나쳤던 건 아닐까? 언제 올지 모를 황홀한 순간을 기다릴 필요 없이, 다시 한번 내가 이미 경험하고 있던 기분 좋은 느낌에 잠시 집중해본다. 기쁨이 또렷해진다.

우리는 한때 살기 위해 귀여웠다

학교에 길고양이를 위한 동아리가 있다. 학교 오가는 길에 마주친 고양이 사진도 올라오고, 후원을 받아 틈틈이 돌아다니며 고양이 밥을 챙겨주는 모임이다. 동기들에게 물어보니 어느 학교에나 요즘에는 길고양이 밥 챙기는 동아리 하나쯤은 있단다. 해야 하는 게 아니라면 웬만해서는 하지 않는 세상에 참 대단한 일이 벌어지고 있다는 생각이 들었다.

얼마 전 학교 잔디밭에 학생들이 옹기종기 모여있길래 살펴보았더니, 거짓말 좀 보태서 치타만 한 고양이 한 마리가 누워서는 뒹굴고 있는 게 아닌가. 조심스레 다가오는 학생들이 싫지 않은지 시선을 즐기고 있었다. 통통하고 거대한 고양이가 잔디밭에 편안하게 늘어져서는 재롱 피우는 모습이 얼마나 귀엽던지 한참을 지켜보다가 지각할 뻔했다. 집으로 돌아가는 길에 눈에 아른거려서 길고양이 동아리 인스타 계정을 찾아보았다. 적은 돈이지만 사룟값을 보탰다.

나는 돌아다니며 길고양이 밥을 따로 챙겨줄 만큼 마음이 넉넉한 사람은 아니다. 그런데 하루아침에 뚱뚱한 학교 고양이가 내 마음을 가득 채워버린 것이다. 귀여움은 얼마나 위대한가. 귀여움이 정말로 대단한 건 행동을 부른다는 데 있다. 귀여움이라는 너무나 무해하고 하잘 것 없는 것이 마음을 움직이고 결국엔 손과 발을, 이번 경우엔 지갑을 움직였다.

모든 감정에는 목적이 있다. '귀여움'과 '애틋함'이라는 감정만큼 무용하고 무해한 것이 없는 것 같지만, 이들도 목적 없이 생겨났을 리 없다. 가만 생각해보면, 귀여움을 느끼지 못하는 인간보다는 귀여움을 잘 느끼는 인간이 2세를 끝까지 길러낼 확률이 높지 않았을까? 고로, 귀여운 아이가 귀엽지 않은 아이보다 살아남을 확률이 높을 테고.

얼룩말 새끼는 태어나서 얼마 지나지 않아 바로 걸을 수 있다. 그에 비해 인간은 1년 무렵이 되어야 걷기 시작한다. 게다가 20년은 양육을 받아야 그럴듯한 인간으로 기능할 수 있다. 그러니 생애 초기에 인간은 될 수 있으면 오랜 기간 귀여워야만 한다. 양육자가 때때로 번거롭고 짜증스러운 새끼들을 버리지 않고 계속 데리고 살아가게 하려면 말이다.

예전에 타라 브랙 선생님이 해주셨던 말이 기억난다. "더 강한 자가 살아남는다는 말은 틀렸습니다. 더 많은 보살핌을 받은 자가 살아남지요." 귀여움이야말로 곧 보살핌이고, 보살핌은 살아갈 힘이 된다. 우리는 모두 한때 살기 위해 귀여웠고, 귀여움은 모든 걸 이긴다!

너와 나의 정원

오랜만에 B를 만났다. 그간 있었던 일을 풀어내다 보니 그 친구가 처음으로 수영을 배우고 있다는 것을, 나는 싫어하던 요리를 제법 즐기고 있다는 것을 알게 됐다. 친구가 돌아가고 집에 혼자 앉아 지난번의 만남을 떠올렸다. 그때 나는 수영을 하고 있었고, 수영에 대해서 강력하게 어필했던 것이 떠올랐다. 그 친구는 요리를 좋아하는 친구였는데, 나는 그 친구가 요리를 무엇보다도 창의적이고 몰입감 높은 활동으로 정의한 것에 대해 꽤 깊은 감명을 받았다. 그 친구와의 대화가 시발점이 된 것을 기억하지 못한 채 최근에는 꽤 많은 요리를 하면서 나름의 성공에 뿌듯해하고 있던 참이었다. 이전에는 생존을 위한 요리를 빼곤 딱

히 해본 적이 없었던 것이 떠올랐다. 우리는 둘 다 조금씩 달라져 있었고, 알지 못한 채로 영향을 주고받고 있었다.

비슷한 시기에 K를 만났다. 나와는 여러 면에서 참 다르다고 생각한 그 친구와도 매번 만날 때마다 미세하게 닮아가고 있다는 것을 느꼈다. 그 친구는 이제 혼자서 그림을 그리고 있었다(반대로 나의 그림 여정은 잠정중단되었지만). 예전에 그 친구와 같이 사이판으로 여행을 간 적이 있다. 마침 태풍이 오는 바람에 할 수 있는 게 별로 없어서 방에 나란히 앉아 가져간 수채화 물감으로 그림을 그렸다. 할 일이 없으니 몇 장이나 그려댔고, 숙소 군데군데 테이프로 붙여두고 나름의 전시를 했다. 그날 서로 그린 그림을 나눠 가졌는데, 그 그림이 참 좋았다고 했다. 그래서 작은 팔레트와 물감, 얇은 붓을 샀다고 한다. 워낙 검소한 친구라서 자신을 위해 미술 도구를 샀다는 게 믿어지지 않았다. 또 크게 감명받고야 말았다.

그 친구는 식물을 너무 사랑했다. 특히 허브를 사랑했다. 친구의 어머니, 아버지가 집 가까운 텃밭에서 농사를 지으셔서 마트에 가지 않아도 먹을 채소가 충분하다는 말, 언제는 어떤 채소를 먹을 때라는 말, 죽순과 두릅이 그렇게 맛있다는 말, 허브는 어떤 환경에서 키우라는 말. 그런 말들이 내 뇌의 저편에 기록됐다. 친구는 이론적으로 전파했을 뿐 아니라 실전에까지 나를 투입하게 했다. 처음에는 나에게 엄청 큰 로즈메리 화분을 선물해줬고, 그다음에는 유칼립투스 나무를, 그다음에는 소포라를 선물해줬다. 기어코 모두 말려 죽였지만, 나는 아직도 포기하지 않고 계속해서 키울 것을 찾고 있다. 자격이 있는지는 모르겠으나 식물이 가까이 있는 삶이 좋아져 버렸다. 다시 보니 그 친구의 영향이었다.

    틀림없이 만남과 만남 그 사이에 나는 계속해서 달라지고 있었다. 만났을 때는 나에게 무슨 일이 벌어진 것인지 알 수 없지만, 시간이 지나며 점점 분명해진다. 마치 식물을 키우는 일처럼. 만났을 때 서로 나누었던 이야기가 마음에 씨앗이 되어서 어딘가에 쿡 심어지고, 시간이 지나면서 씨앗이 새싹이 되고, 조금씩 자라 꽃도 피는 걸까. 시간이 흐르면 정원에서 좀 더 존재감 있는 한 영역이 될지도 모른다. 어쩌면 지금 핀 이 꽃은 죽지만, 이번의 만남으로 새로 심어진 씨앗은 맹렬한 속도로 자라며 퍼져나갈지도 모른다. 함께 시간을 보낼 때 서로의 정원에 무언가를 심고 있다는 것을 기억하고 싶다.

아래는 내가 최근에 읽었던 가장 마음에 드는 문장.

"나는 우리가 우주의 해답을 발견했다고 생각한다. 그 답은 단순하다. 바로 친구들과 더 많은 시간을 보내는 것이다." - 포스윌스키

전지적 강아지 시점

언덕 위의 집. 왠지 이상적인 이미지인데, 우리 집은 같은 언덕 위의 집이라도 좀 더 긴 수식이 필요하다. '힙업 운동이 필요 없을 만큼 엉덩이에 힘을 주고 올라야 하는' 언덕 위의 집쯤 된다. 정확히 104미터 고지에 위치한 이 집에는 확실한 장단점이 공존한다. 장점은 마루에서 보는 바깥 풍경이 그야말로 예술이라는 것, 단점은 한번 나가면 들어가기 싫고 한번 들어오면 절대 나가기 싫다는 것이다.

집에는 아직 두 살이 채 되지 않은 강아지 자네가 함께 산다. 못생긴 말티즈처럼 생겼지만 실은 하얗고 귀여운 슈나우저다. 새침한 구석이라고는 없는 동네 형(?) 강아지. 아마 자네가 없었다면 지금보다 더 집에만 콕 박혀 있거나 밖에서 더 오랜 시간을 보냈을 것 같은데, 이 친구 덕에 어쩔 수 없이 집을 들락날락한다. 나를 위해서라면 절대 나가지 않을 날씨와 시간에도 가파른 언덕을 오르내리는 일은 괴롭다. '오늘은 자네가 좀 힘이 없어 보이네?' '오늘은 마당에서 오줌 똥 누면 되지, 뭐.' '오늘은 간식으로 때울까?' 별별 생각이 다 들지만, 인간의 게으름을 핑계로 자네에게 똥 참기 고문을 할 수는 없지 않은가(자네는 영특하여 마당에서는 똥을 누지 않는다).

그렇게 미루고 미루다 막상 나와보면 왜 '어차피 나온 거 동네 한 바퀴 돌까?' 하는 전에 없던 마음이 드는 걸까. 그렇게 자네의 마법에 홀려 동네탐방을 시작하게 됐다. 자네가 주차된 트럭 쪽으로 나를 잡아당겼다. 자네는 하루도 얌전히 걷는 법이 없고, 택배 아저씨들만 보면 맹수가 되어 자꾸 달려들지만, 아무것도 없는 곳으로 유난히 떼를 쓰는 건 엉뚱한 자네라고 해도 조금 이상한 행동이었다. 처음에는 끈에 힘을 줘서 탁탁 잡아당겼는데, 그래도 끈을 집요하게 당기길래 혹시 뭐가 있는지 살펴봤다. 오래도록 주차되어있는 트럭 아래 눈이 예쁜 회색 고양이가 한 마리 있었다. 자네의 시선이 나보다 130센티미터 정도 낮은 걸 처음 느꼈다. 그렇게 동네 냥이들을 하나둘 소개받게 되었다.

강아지의 시선을 따라 동네를 탐험하다 보니 인간 시선으로는 못 보던 것들이 자꾸 눈에 들어왔다. 인간들이 얼마나 많은 음식물을 길바닥에 흘리는지, 얼마나 많은 전봇대와 주황색 콘이 길가에 놓여있는지, 거기에는 또 얼마나 많은 강아지의 오줌이 묻어있는지. 그리고 그게 얼마나 많은 강아지들을 신나게 하는지! 맥문동이라는 (인간은 차로 마시기도 하는) 풀이 도시에 사는 강아지들에게는 마치 핫한 SNS 같은 거라는 것도 처음 알았다. 강아지들은 맥문동 위에서 신나게 오줌 냄새를 수집하고, 그 위를 오줌으로 덮으며 '좋아요' 버튼을 누른다. 자네가 늘 맥문동에서 또 다른 맥문동으로 나를 끌고 다니기 때문에, 이제 이 동네 맥문동 지도를 그릴 수 있을 정도다. 맥문동 산책을 마쳤을 때 자네 몸에서 오줌 비린내가 폴폴 풍기는 것은 비밀이다.

이렇게 맥문동 사이를 뛰어다니다 보면 복잡한 머릿속이 탈탈 비워져 있다. 강아지가 없었다면 굳이 산책하러 나가지 않을 인간인 걸 알고 애가 나한테 왔나? 내가 강아지를 데리고 와놓고서는 산책의 시름을 잊기 위해 끼워 맞추는 것인가? 강아지를 키우는데 드는 에너지와 책임에 시선이 온통 가 있을 때는 몰랐는데, 내가 강아지를 위해

하는 것보다 강아지가 나를 위해 해주는 게 사실 더 많은 것도 같다. 오늘도 자네 덕에 잘 쉬었다.

대결 맛있는 패밀리

넷플릭스에서 제일 좋아하는 쇼는 단연코 〈대결 맛있는 패밀리〉다. 이 프로그램은 특별히 아껴서 봤고, 분기별로 다시 봤고, 앞으로도 그럴 예정이다. 참가자는 미슐랭 셰프도 아니고, 셰프를 꿈꾸는 젊은 학생들도 아니다. 매일 때 되면 밥 해먹고 사는 영국의 일반적인 가족들이다. 규칙은 가족이 팀을 이뤄야 한다는 것뿐이다. 각 가정에서 3명이 팀을 이뤄 출전하는데, 한 라운드는 정해진 예산 안에서 4인 가족이 먹을 요리를 만드는 것이고, 또 다른 라운드는 가장 그 집다운 디너 코스를 차리는 것이다.

영국 프로그램이다 보니 다양한 문화적 배경을 가진 출연자들이 등장한다. 인도를 여행하고 온 비건 남매들이 인도식 비건 요리를 선보인다. 아내는 인도인인데, 남편은 중동 사람이라서 국적 불문의 요리가 되기도 한다. 집안마다 국적도, 입맛도, 문화도 모두 다른 만큼 요리에 들어가는 향신료나 요리 방법, 메뉴도 모두 제각각이다. 양파 대신 샬롯을 넣으면 어떻게 맛이 달라질까? 아프리카식 졸로프 라이스는 어떻게 요리하는 걸까? 정향과 큐민을 넣고 기름에 튀기듯 볶고 나서 거기에 새우를 넣으면 어떤 향이 날까? 언젠가는 한번 먹어 보고 싶다는 막연한 생각에서, 점점 어디서 구할 수는 없는지, 그런 재료를 사용하는 레시피 중 쉬운 건 없는지 살피게 됐다.

다양한 메뉴와 재료는 다른 음식 경연 프로그램에서도 볼 수 있지만, 이 프로그램의 가장 큰 재미는 가족들의 독특한 개성과 케미다. 평소에는 공통분모가 하나도 없지만, 주말이 되면 수다스러운 아버지가 먼저 감자를 깎아 그레이비 소스를 만들고, 무뚝뚝한 아들은 소고기를, 딸은 조용히 케이크를 굽는다. 중국인 엄마는 '타이거 맘'이라서 최고의 방법은 자신의 방법이라며 군대식으로 조리를 지시한다. 그러다 영국인 남편의 만두 빚는 폼이 영 마음에 들지 않는지 모든 일을 빼앗아 혼자서 다 해버렸다. 케냐에서 이민 온 한 가족은 요리를 하면서 한 명이 춤을 추기 시작하면 갑자기 오븐 앞에서 춤판이 벌어진다. 가족들과 요리하면서 춤추고 노래하는 게 부럽다.

선정한 메뉴들은 대체로 한 집에서 매일 같이 하는 요리의 변형이라서 몇 대에 걸친 한 가족의 역사가 담겨 있다. 심사위원들도 셰프가 아니라 가족들을 대상으로 심사를 하다 보니, 단순히 음식만 평가하지 않고, 가족의 문화나 팀워크를 유심히 본다.

"이 요리로 당신 가족을 이해했어요."

감칠맛도 아니고, 적당하게 시고 달고 짠 맛도 아니고, 그 사람과 그의 가족을 이해하게 되는 그런 맛은 어떤 맛일까. 아마도 그 음식에는 그의 어머니의 어머니가 전해주신 어떤 레시피에서 나올법한 전통적인, 왠지 푸근한 맛이 나지 않았을까. 진짜 맛있는 엄마표 김치찌개나 된장찌개 정도 되려나.

한껏 재밌게 보고 있는데, 갑자기 자네가 미친 듯이 짖기 시작해서 '일시 정지'를 눌렀다. "아, 또 배달왔네. 옆집." 우리 집은 단독 주택인데, 세 집이 같이 사는 특이한 구조다. 윗집은 주인집이고, 바로 옆집에는 20대 연인이 산다. 4시쯤 한 번, 8~9시쯤 또 한 번 헬멧 쓴 아저씨가 급히 마당을 가로질러 갈 때는 음식 배달이 온 것이다. 자네가 하도 짖어서 바깥을 못 보게 하려고 커튼을 치러 마루에 나가면, 원하지 않아도 메뉴가 다 보인다. 아이스크림, 탄산음료부터 밥에 토스트까지 다채롭다. 집 앞 분리수거대에서 찌그러진 맥주캔과 산더미 같이 쌓인 배달 음식 통을 보면 여러모로 걱정스럽다. 나도 몇 년 전까지는 배달 음식을 달고 살아봐서다.

사실은 나도 요리와는 담쌓았던 사람 중 하나였다. 가끔 백종원 아저씨를 따라 하면서 맛있고 그럴듯하게 요리를 완성하기도 했지만, 먹고 살기 위한 의무적인 활동일 뿐이었다. 물론 맛있는 음식을 너무너무 사랑한다면 목표 지향적인 요리도 충분히 사랑할 수 있을지 모르겠다. 더 맛있는 된장찌개를 먹으려고, 맛있는 제육볶음을 먹으려고 요리라는 번거로운 일 따위 불사할 수 있을지도. 하지만 그 정도의 음식 사랑이 내게는 없었다.

하나 더 핑계를 대자면 살면서 주변에 요리하는 또래 친구들을 그다지 많이 보지 못한 것도 같다. 요리라고 하면 생존 요리였다. 유학 갔을 때 내가 처음 배운 건 군만두를 맛있게 굽는 방법이었고, 떡볶이를 끓이는 방법은 모르면 나만 손해라서 배웠다. 가끔 외국인 친구들이 한국 음식을 궁금해하면 오뚜기 카레 가루를 사다가 닭가슴살을 넣고 카레를 끓여주거나 김치볶음밥을 해준 적은 있었다. 그때도 대체로 방점은 '바삭바삭 맛있는 파전'이라는 결과물에 있지, 요리하는 즐거움에 있지는 않았던 것 같다.

    요리가 재밌어진 건 나름대로 창의력을 발휘할 수 있어졌을 때, 그리고 사람들을 불러 요리해 먹이기 시작할 때부터였다. 맛있게 먹는 재미 말고 요리를 하는 재미가 따로 있다는 걸 알았다. 이를테면 제육볶음을 할 때 뭔가 새로운 걸 넣어볼 수 있었다. 집에 생강이 있던가? 집에 소주가 있던가? 아니면 청주? 유자청을 조금 넣어볼까. 무리수? 불도 조절해볼 수 있다. 센 불에도 해보고 중간 불에도 해보고, 어떤 게 더 맛있는지 비교해볼 수도 있었다. 대체 왜 맛이 다른지 인터넷도 굳이 찾아보게 됐다. 그렇게 만든 요리를 가까운 사람들과 나눠 먹는 재미는 말할 것도 없었다. 그때부터는 생존 요리가 취미 요리가 됐다.

    메뉴 자체도 집에서 매일 쓰는 재료만으로 돈가스 대신 '치킨 키예브'라는 마늘버터가 가득 들어간 치킨 튀김을 시도해봤다. 가지와 삼겹살만으로 새로운 파스타를 만들어 보기도 하고, 애호박과 토마토, 가지가 있다면 라따뚜이도 만들어볼 수 있었다. 당연히 시중 제품을 사용하던 요리들을 내가 직접 만들 수 있다는 건 충격이었다. 그리고 그게 얼마나 큰 맛의 차이를 가져올 수 있는지도 충격이었다. 오뚜기 카레 가루가 아니라, 카레 가루를 직접 갈아서 만들어볼 수도 있는 거였다. 그냥 내가 밖에서 먹는 모든 메뉴는 사실 집에서도 해볼 수 있는 메뉴였다. 그렇게 생각하니 메뉴도 더 이상 생존 메뉴가 아니게 되었다. 더 적은 돈으로 삶의 질이 수직으로 상승했다.

이 좋은 걸 그동안 왜 하지 않았을까? 왜 난 요리할 생각을 이렇게 늦게 했을까? 배달시키기가 너무 쉬워서?

친한 친구 남편이 떠올랐다. 친구는 만날 때마다 변호사인 남편이 집안일을 일절 하지 않는다고 나에게 괴로움을 토로했다. 그럼 그전에는 (그 인간이) 어떻게 살았느냐고 물었더니, 결혼하기 전까지 요리를 포함해 집안일은 어머니가 주말마다 와서 대신해주셨단다. "음… 너무 바쁘면 그럴 수도 있지"라고는 했지만, 아무리 생각해도 이상하지 않은가. 고등학교 체육, 기술, 가정 시간에 중간고사 대비 수학 문제집을 풀면서부터 우리는 중요한 일과 중요하지 않은 일의 구분을 머릿속 어딘가 새겨넣은 걸까? 한 어른으로서 자신을 돌보기 위해 하는 일들은 뒤로 한 채 돈 버는 일만 중요하다고 여기고 산 거 아닐까. 무엇보다 그걸 모두가 그냥 내버려둔 게 아닌가. 요리는 어쩌면 처음부터 중요하지 않은 일로 입력되어버린 것 같다.

우리 식탁에는 과정이 없다. 우리 집도 그렇지만 대개 어머니들이 일방적으로 밥을 차리고, 먹을 때만 함께 먹는다. 식탁에서 음식을 두고서 그다지 할 얘기가 많지 않은 것도 어쩔 수 없는 일일 것이다. 끽해야 차려진 음식 앞에 앉는 것, 그리고 먹는 것, 운이 좋다면 치우는 것까지가 과정 전부다. 〈대결 맛있는 패밀리〉를 보면서 다른 가능성도 있다는 걸 엿볼 수 있어서 좋았다. 곁눈질로 보기에는 가족이 같이 요리하는 것만으로 참 많은 게 달라지는 것 같았다. 오늘은 무슨 음식을 할지부터 시작해서 누가 무엇을 담당할지, 뭘 더 추가해서 조금 더 풍미 있는 음식을 만들지를 함께 고민하고 직접 만든다고 했다. 그들에게 먹는 것은 과정의 일부일 뿐이었다.

아무리 식탁에 국이 있고 찌개가 있고 고기반찬이 있으면 뭐 하나. 과정을 나누는 것이 진짜 풍요가 아닐까. 요리할 때 감자라도 썰게 시키는 건 귀찮은 일을 나눠서 하자는 게 아니라, 우리 얘기하자는, 우리 즐거운 시간을 함께 보내자는 초대 같다. 공통의 관심사라고는 하나도 없는 아버지와 아들 사이여도, 매주 주말에는 같이 음식을 만들면 좋겠다. 함께 감자를 깎고, 버섯을 굽고, 오븐을 데우면 좋겠다. 요리의 매력은 단순히 '먹고 사는' 일 너머에 있는 것 같다. 게다가 누구나 맛있는 건 좋아하니까 사랑받기에도 딱 좋다. 과정이 있는 삶을 꿈꾼다면, 소중한 사람들과 의미 있게 연결되고 싶다면 요리는 정말 최고의 취미가 아닐까 싶다.

✳

마늘 덕후들을 위한 스파이시 갈릭 누들 레시피
(맛있습니다!)

1인분 레시피
마늘 8톨 다져서 준비
채 썬 파 조금
고춧가루 1.5숟갈
단단한 두부 반 모
진간장 2숟갈
국간장 반 숟갈
굴소스 1숟갈
파스타 면 1인분
오일 (포도씨유, 아보카도유 등)

1. 오일을 한 스푼 넣고 두부 반 모를 으깨며 중간 불에서 2~3분 두부에 물기가 사라질 정도로 볶는다.
2. 두부에 국간장 반 숟갈, 진간장 반 숟갈을 넣어주고 다시 2분 정도 넉넉히 볶아준 후 접시에 담아둔다.
3. 오일을 한 스푼 넣고 다져둔 마늘을 2~3분 볶는다. 타지 않도록 불 조절 필수! 너무 강한 불에 하면 타기 쉽다. 맛있는 마늘 향이 듬뿍 나는 기름을 만들어준다.
4. 고춧가루 1.5숟갈을 넣고, 굴소스 1숟갈을 넣은 후에 다시 2~3분 정도 볶아준다. 불을 줄여서 볶는다.
5. 냄비에 물을 넣고 소금을 조금 친 다음 파스타 면을 삶는다. 파스타 면이 다 익는 시간을 확인한 후 거기에서 3분 적게 조리해준다.
6. 파스타 면을 건져내 고춧가루와 굴소스를 볶은 냄비에 같이 볶아준다. 냄비에 달라붙어 있는 양념과 그을린 부분들이 면에 묻어있는 면수에 잘 녹아드는 것이 포인트. 이때 준비해둔 두부를 함께 섞어준다. 남은 진간장도 붓고 2~3분 마저 볶는다.
7. 마지막에 파를 투하하고 30초 정도 가볍게 볶은 다음 마무리. (맛있게 먹으며 마음의 평화와 유쾌한 미소를 회복할 수 있습니다!)

몸의 기억

사람의 뇌는 안쪽에서부터 파충류의 뇌, 포유류의 뇌, 그리고 가장 늦게 진화한 인간의 뇌로 겹겹이 쌓여있다. 강한 스트레스를 받으면 가장 깊숙이 위치한 파충류의 뇌만 켜진 채 모조리 꺼진다. 생명 유지에 가장 필수적인 기능만 빼고는 모두 셧다운에 들어가는 것이다. 그렇게 누구나 파충류가 된다.

야생에서 잡아먹힐 위기에 처했을 때 파충류가 대처하는 방법은 세 가지다. 싸우기, 도망가기, 그리고 싸우지도 도망가지도 못한 채 얼어붙는 것이다. 스트레스를 받을 때 갑자기 분노 조절 버튼이 고장이 나 중요한 자리에서 일을 그르치고, 모르는 척 숨고, 유튜브를 16시간 보면서 침대에 붙어있어도 내 탓은 아니다. 아무리 이성을 붙들려고 해도 붙잡아지지 않는 것은 그놈의 파충류 잘못이다.

하지만 사람과 사람 사이의 문제에서 싸우고 도망가고 얼어붙는 방법이 얼마나 효과가 있을까? 인간의 문제를 파충류가 해결해주길 기대할 수는 없다. 결국은 상황을 객관적으로 들여다보고, 필요하다면 용기 내 지난한 대화를 시작해야 한다. 협상의 테이블에 앉은 건 파충류가 아니라 인간이어야 한다. 너무 쉽게 파충류가 되어버리는 나에게는 위기의 순간에 '인간의 뇌'를 켜는 버튼이 절실했다.

감정이 제멋대로 요동친 어느 날 우연히 제주도의 한 바닷가를 떠올렸다. 잠시 눈을 감고, 발이 닿지 않는 바다 한중간에서 하늘을 보고 누워 쉬는 순간, 내 몸의 또렷한 기억 속으로 나를 내던졌다. 온몸에 닿아있는 적당히 차가운 바닷물, 입안의 짭짤하고 비릿한 맛, 수영복의 가장자리가 등의 한중간, 양어깨와 사타구니에 닿아있는 느낌. 바닷속 귀가 먹먹해지는 소리를 떠올리면 햇빛이 온몸을 내리쬐는 곳, 눈을 뜨면 파란 하늘이 펼쳐지는 곳으로 돌아갔다. 그 순간이 선명해질수록 자유로움과 평화로움이 침착하게 나를 채웠다.

잔잔한 파도가 몸을 들어 올렸다가 내려놓는 리듬은 숨이 들어가고 나가는 리듬을 닮았다. 숨이 들어오면, 소금기 가득한 바다가 몸을 더 가볍게 띄웠다. 숨이 나갈 때는 파도가 나를 사뿐히 내려놓아 주는 것을 지켜봤다. 새로운 파도와 내가 만날 때마다 물이 몸을 찰박찰박 쳤다. 나를 지나쳐가는 수많은 파도 위에 누워서 하늘을 보고 있었다. 모든 것이 나를 스쳐 가는 느낌, 내가 아주, 아주 작은 존재라는 확신을 주는 이 느낌에 뿌리를 내렸다. 여기가 나의 버튼이었다.

몸의 기억에는 강렬한 힘이 있어서, 잊지 말아야 할 진실에서 너무 멀리 가지 않도록 단단히 나를 붙잡았다. 어떤 날은 나를 붙들고 기억 속으로 질질 끌고 가기도, 다른 날에는 튕겨져나가기도 했지만, 평화롭고 자유로웠던 이 순간은 펑하고 사라지거나 시들지는 않았다. 틀림없이 내 마음 한편에 있었다. 사라질까, 날아갈까 다시 더듬더듬 짚어본다. 정말이지, 이 버튼이 있어서 다행이다.

사물을 매만지는 기쁨

오늘 아침 얼굴을 닦은 수건이 어떤 색이었는지 생각이 나지 않는다. 실은 아침에 내가 세수를 했는지도 가물가물하다. 수건에 대해 몇 마디나 할 수 있을까? 매일 쓰지만 유심히 보거나 느끼지 않는 사물에 대해서는 별 정보가 없다. 발뮤다 토스터를 샀다면, 게다가 산 지 얼마 지나지 않았다면 이 토스터의 작동 방식에 대해 10분은 떠들 수 있다. 멀쩡히 작동하지만 크게 관심을 두지 않은, 10년 된 토스터는 어떨까? 10년을 열심히 일해줬는데도 그 형상이 겨우 기억날까 말까 한다.

당연하게 사용하는 물건들은 대개 투명해진다. 그런데 무슨 바람이 들어서는 내 주위의 물건이 신경 쓰이고,

은행에서 받아온 달력처럼 투명했던 물건들이 하나둘 보이기 시작했다. 때굴때굴 굴러다니는, 한때 투명했던 물건들이 나를 따갑게 바라보는 것처럼 느껴졌다. 마치 산책이라도 시켜줘야 할 것 같은 강아지처럼. 바로 그때 작지만 명확하게 내 안의 뭔가가 달라진 것을 알았다.

보이지 않는 물건을 보이게 하는 데에는 여러 가지 방법이 있다. 오래 쓸 요량으로 마음에 쏙 드는 물건을 들일 수도 있고, 이미 가지고 있는 물건을 자꾸 들여다볼 수도 있다. 한 달에 한 번 닦던 거울을 두 번 닦고, 식물이 사는 흙이 말랐는지 이틀에 한 번은 손가락 한 마디를 콕 찔러 보고, 적당한 위치를 찾지 못해 애매한 곳에 처박아둔 물건이 있다면 필요 없는 물건을 없애고 적당한 자리를 만들어준다. 사물을 돌보는 일이 매일의 일부가 된다.

손으로 매만진 사물들은 반드시 티가 난다. 사랑받는 강아지는 화려한 줄을 차고 있지 않아도 시선을 끄는 것처럼, 방 전체가 화려한 물건들로 채워져 있지 않아도 반짝거린다. 이 공간에 초대된 사람은 '여기는 참 이 사람다운 공간이구나' 하고 직감하게 된다. 무엇보다 주위의 물건들을 사랑하기 시작한 주인은 물건들로부터 사랑을 받는다. 사람이나 동물도 좋지만 사물에게 사랑받는 것도 굉장히 즐거운 일이다. 눈알만 굴리고 있던 노견이 꼬리를 흔드는 느낌이랄까. 이렇게 가꾸는 일의 즐거움을 알아버린 걸까? 어쩌면 사물을 대하는 방식이 아니라, 내가 나를 대하는 방식이 달라진 것인지도 모르겠다.

하늘 보고 숨을 두 번 쉬면

#1 하늘 보고 숨을 두 번 쉬면

서울 하늘은 별이 보이지 않는다고 한다. 그건 하늘을 보고 숨을 두 번 이상 쉬어보지 않은 사람의 말일 것이다. 서울 하늘에도 별이 지천으로 있는 걸. 처음에는 인공위성처럼 보이는 명확한 빛이 보이다가 곳곳에서 작은 별들이 일어난다. 빛이 없는 시골 밤하늘처럼 은하수가 펼쳐지지는 않지만, 작고 여린 빛이라 좀 더 애정 어린 주의가 필요할 뿐 서울 하늘도 찬연하다.

#2 가로수 소리

도심에도 어디를 가나 가로수가 있다. 옮겨 심은 지

얼마 되지 않아서 이쑤시개처럼 여린 나무들이 콕콕 박혀 있다고 하더라도 한여름에는 꽤 잎이 우거져 있다. 그리고 잎들이 바람을 만나면 늘 소리를 만든다. 버스를 기다릴 때 차 소리가 귀를 사로잡지만, 유심히 소리에 귀 기울여 보면 나뭇잎이 흔들리는 소리가 겹겹이 쌓인 다른 소리 안에 파묻혀있다. 사람의 주의는 재밌어서 한번 들리기 시작하면 계속 들리고, 바람이 불 때면 그 소리를 찾게 된다. 재밌다.

#3 오르막을 덜 힘들게 오르는 기술

집으로 가는 길은 무척 가팔라서 빠르게 오르다 보면 땀이 난다. 혼자 들어가는 길에는 땀을 내기 싫어서 달팽이처럼 걷고는 한다. 여름에는 달팽이처럼 걸어도 땀이 나지만. 그 덕에 잎이 거의 없는 겨울과 잎이 조금 나기 시작하는 봄, 잎이 한껏 자란 요즘 나뭇잎이 내는 소리가 다르다는 걸 알게 됐다. 천천히 천천히. 옆집에서 대나무를 심어둬서 집에 거의 다다를 즈음엔 대나무 잎들이 부딪히는 소리가 시원하다. 집까지 가는 것을 목표로 삼지 않아도 집에 도착해있다. 머릿속을 살아서는 느낄 수 없는 것들이다.

#4 정성스럽게 아무것도 하지 않기

무거운 것을 들다가 삐었는지 목과 허리가 아파서 꼼짝도 할 수 없다. 병원에 가서 주사도 맞았지만, 책을 읽을 수도 없고 일을 할 수도 없고 핸드폰을 할 수도 없다. 책 1분 읽다가 천장 한 번 보고, 핸드폰 1분 하다가 내려놓고 바닥에 드러누웠다. 지루해서 죽을 것 같았다. '지금 이대로는 견딜 수 없어!' 저항감이 턱 끝까지 차니 목, 허리가 더 아픈 것 같았다.

숨을 가다듬고 아무것도 하지 않는 시간을 선물 받았다고 생각하기로 했다. 이제부터는 아무것도 할 수가 없어서 안 하는 게 아니고, 세상에서 제일 정성스럽게 아무것도 하지 않는 거야. 멍하니 한참 동안 누워있다 보니 점점 이런저런 공상들이 떠올랐다. 글을 쓰고 싶어졌다. 쓰고 싶은 이야깃거리들이 자꾸 떠올랐다. 글을 써야 한다고 생각할 때는 쓰고 싶은 글이 하나도 없더니만, 평소 하던 방식을 비워내니까 다른 것이 들어올 공간이 생긴다.

회복

✷

성장은 달팽이보다 느리다

수치심 없이 좌절을 견딜 수 있을까

사람들이 더 건강하고 행복할 수 있도록 돕는 일이 좋다. 가능한 한 오래도록 이 일을 하고 싶다. 오래 일하겠다는 마음이 든 이후로는 일반적인 지도자 과정에서 가르치지 않는 기초 학문을 배우고 싶었다. 지금 당장 비즈니스에 매달리는 것보다, 오래, 더 탁월하게 일하기 위해 나에게 투자해야겠다는 결심이 든 게 벌써 2019년 1월의 일이다. 그래서 한참을 벼르다가 대학원에 진학했다. 스타트업에서는 늘 일하면서 배운 것을 소화하기도 전에 바로 아웃풋을 내야 했다면, 배움에만 충분히 집중할 수 있는 대학원 환경은 목말랐던 만큼 달콤했다. 첫 학기를 절반쯤 보냈을까. '왈이네'의 상황이 예기치 못하게 흘러가면서 교착 상태에 놓여있던 문제들이 하나둘 해결되었다. 반가운 일이었지만 일들이 하나둘 늘어나고 해야 할 업무가 밀리기 시작했다.

당시 가장 중요한 프로젝트는 명상 앱을 만드는 것과 그 앱을 위한 크라우드 펀딩을 런칭하는 것이었고, 시장에 완전한 제품으로 내놓기까지는 최소 6개월 이상이 걸릴 상황이었다. 당장 수익화가 어려운 만큼 생계를 위한 또 다른 일이 필요했다. 그래서 1:1 명상 지도를 시작했고, 소수를 대상으로 그룹 명상 프로그램을 진행했다. 그 돈으로 다달이 버텼으니 다행이지만, 나로서는 세 가지 굵직한 프로젝트가 돌아가는 셈이었다. 학교, 명상 앱, 오프라인 프로그램.

그러다 일을 하는 데 목에 통증이 오는 게 느껴졌다. 짧지만 강렬한 통증이었다. 오랜 시간 책상 앞에 앉은 날이면 비슷한 통증이 나타났고, 두통까지 가세하면서 일을 하기가 어려웠다. 그때부터 나의 상태는 둘 중 하나였던 것 같다. 바쁘거나, 아프거나. 정말 문제가 되는 것은 몸의 아픔이 마음의 아픔으로 옮겨갈 때였다. 몸이 아프면 마음이 취약해졌다.

아픈 동안 틈틈이 좌절했다. 좌절의 순간에는 수많은

물음표가 따라다녔다. 나는 제대로 걷고 있는 것인가. 되지도 않는 일에 매달리는 것은 아닐까. 원하는 이가 없다면 이 공부에 의미가 있을까. 남은 공부에는 얼마나 더 많은 돈이 들 것인가. 건강은 괜찮아질까. 치료에는 또 얼마나 돈을 더 쓸 수 있을까. 건강도 돈도 모두 필요한데 어떻게 해야 하나. 그리고 좌절은 쉬 부끄러움이 되었다. 목을 잡고 누워서 천장만 들여다보고 있는 것이 부끄러웠다. 이 고통이 모두 내 탓이라는 말을 들을 때 몸의 신호에 둔감했던 내가 부끄러웠다. 부끄러울 일이 아니래도 문득 부끄러움이 찾아오는 건 어쩔 도리가 없었다.

수치스런 시간 사이에 어김없이 가을이 왔다. 예쁜 가을날 산책처럼 쉬운 일이 있을까. 어려울 때는 쉬운 것을 찾아가는 것이 도움이 됐다. 집을 나와 공원을 걸었다. 대왕참나무 잎을 줍는 게 제일 쉬웠다. 체력이 허락하는 만큼 걸었다. 어려움이 없는 때가 오기만을 기다릴 필요는 없다고 되뇌면서. 부끄러움을 안고 좌절을 견디면서.

다들 이쯤은 참고 살지

최근에 본 엄마는 예전 할머니만큼이나 자그마해 보였다. 엄마는 평생 힘들다고 말하는 걸 독으로 알았다. 자신의 힘듦을 알리는 것은 그 누구에게도 도움이 되지 않고, 문제 해결에도 아무런 도움이 되지 않는다는 것이 제1원칙이었다. 그래서일까. 많은 사람에게 엄마는 작지만 다부지고 강한 사람처럼 보였지 싶다. 가장 가까이서 내가 보는 엄마는 좋다, 싫다 하는 감정 없이 숙제하듯 삶을 살아내는 것처럼 보였다. 그런 모습은 사실 강해 보이기보다는 연약해 보였다.

　엄마는 종종 내게 이런 아픔쯤은 별 게 아니다, 누구나 아프고 산다는 말을 했다. 얼마 전에는 다섯 손가락에

피부가 찢어져서 진물과 피가 나는데도 장갑을 끼고 반찬을 해 보냈다. 이런 아픔쯤은 별것 아니라는 말이 자꾸 생각났다. 오빠가 이직을 계속 시도하고 실패하길 반복하고 있을 때 엄마는 생전 처음으로 위경련이 났다. 아빠는 엄마가 하얗게 질려 바닥에 누워있는 모습을 보기 전까지는 하나도 힘들지 않은 줄 알았다고 했다. 자식이 힘들어해도 엄마가 저렇게 평정심을 잃지 않을 수 있구나 하고 신기하기까지 했다고 했다. 위경련이 일어나는 정도가 돼야 가족들이 엄마 마음을 겨우 가늠해볼 수 있다니.

엄마는 자기도 할머니와 비슷한 것 같다고 했다. 스트레스를 어떻게 풀어야 하는지, 내적 긴장감을 어떻게 풀어야 하는지 엄마는 잘 알지 못했다. "속상한 생각이 찾아오면 콧노래를 부르는 게 엄마 습관이잖아"라고 말했더니 엄마는 그러냐고 반문했다. 엄마는 문제가 생겨도 우리에게 물어보지 않았다. 본인의 마음이나 몸에 문제가 생긴 것을 발견해도 물어보지 않았다. 자꾸만 도망가니 예기치 못하게 몸에서 문제들이 터져 나왔다.

할머니는 생전에 많이 아프셨다. 늘 알 수 없는 병으로 아프셨다. 어떤 때에는 파리가 온몸을 헤집고 날아다니는 것 같다고 하시고, 어떤 날은 애벌레 같은 것이 심장 부근에서 꿈틀거린다고도 하셨다. 골이 아프고 소화가 되지 않는다고 하셨다. 엄마는 할머니가 아프다고 할 때면 "또 검사해봐도 아무것도 안 나올 거야"라고 말했다. 엄마는 자꾸 할머니가 아픈 것이 마음이 아픈 것이라는 생각을 떨칠 수가 없었다. 하지만 마음이 아픈 것은 어떻게 고쳐야 할지 모르니까 차라리 검사를 해서 고칠 수 있는 뭔가가 나오기를 바랐던 것도 같다. 몇몇 진통제 외에는 드릴 수 있는 것이 할머니가 좋아하시는 냉면과 팥빙수뿐이라, 엄마는 할머니 병세가 악화되기 전까지는 할머니와 종종 냉면집에 가고, 김영모 제과점의 맛있는 빙수를 후식으로 먹었다.

할머니는 귀가 어두우셨다. 지금 생각해보면 우리 할머니가 유달리 다른 할머니들보다 더 노인처럼 느껴졌던 것도 할머니와 소통하려면 소리를 빽빽 질러야만 했기 때문인 것 같다. 할머니는 어린 시절 심한 열병을 앓은 뒤로 점점 귀가 들리지 않게 되었다고 한다. 귀가 들리지 않는 것은 할머니를 그 어린 나이부터 외톨이로 만들었다. 친구를 만드는 것이 귀가 어두운 할머니께는 쉽지 않은 일이었을 것이다. 어디선가 귀가 어두운 것은 말을 못하는 것보다 더 큰 고통이라는 말을 본 적이 있다. 들을 수 없다면 세상은 내 마음의 세상으로 한정되고 만다. 할머니는 줄곧 혼자서 자신과 싸움을 하셨던 것 같다.

할머니를 떠올리면 텔레비전을 보시는 모습이 떠오른다. 집안일들이야 할머니 본인의 업무라고 생각하셨던 것 같고, TV를 보는 것만큼은 할머니의 취미였다. 주 장르는 레슬링이나 〈동물의 왕국〉이었다. 레슬링이나 〈동물의 왕국〉을 보는 데는 소리가 그다지 필요하지 않았다. 불끈불끈한 백인 남정네들이 의자를 집어 던지고 위에서 뛰어내려 사정없이 다리 꺾는 것을 보면서 같이 킬킬거렸고, 원숭이들이 자기들끼리 세력다툼 하는 걸 보는 게 재밌었다. 인강을 보던 기계에 〈동물의 왕국〉 몇몇 영상을 다운받아 두곤 했다. 그리고 나도 곁에서 조용히 할머니의 취미를 배웠다. 할머니를 따라 레슬링이나 〈동물의 왕국〉을 보다 보면 속상하던 것도 금방 잊었다.

나중에는 할머니가 아프다고 하시는 게 대수롭지 않은 일이 되었다. 또 아프신가 보다, 하면 그만이었다. 그러다 어느 시점부터 할머니는 알 수 없는 말을 반복하기 시작했다. 하루는 정부 요원들이 할머니를 찾는다고 하고, 누군가 돈을 뺏어가려고 한다셨다. 다들 치매라고 했지만, 그런 이야기를 하실 때 외에 특별히 달라진 것은 없었다.

지언이는 지언이고, 학수는 학수고, 자영이는 자영이었다. 병세가 크게 악화되어서 정신적으로나 육체적으로나 정말 견딜 수 없이 아프기 시작할 때쯤 아기처럼 쪼그라드셨다. 그렇게 병상에 7년이었나, 한참을 누워만 계시다 세상을 떠나셨다.

요즘은 엄마에게서, 할머니에게서 자꾸 나를 본다. 내 안에 할머니의 취미와 회피의 전략을 본다. 엄마의 신념과 극복 방법들을 본다. '다들 이쯤은 참고 살아' 하면서 자꾸만 이를 꽉 깨무는 것이 늘 못마땅했는데, 나도 그 피였나 싶다. 그간 턱을 앙다물고 일을 했는지 귀에 이명이 들리기 시작했다. 엄마도 이를 꽉 무는 습관 때문에 6개월에 한 번씩 턱관절에 보톡스를 맞는다고 했다. 나도 치과에 가서 엄마와 같은 부위에 보톡스를 맞았다. 우리는 이를 악물고 덤비는 여인네들인가. 참기의 제왕들인가.

나를 좀 도와줄 수 있어?

고통스러울 때는 이기적인 사람이 되기 쉽다. 고통이 너무 커서 시야를 가로막는다. 다른 사람들도 다 힘들고 아프다는 걸 머리로는 알지만, 내 아픔은 대단히 깊고 크고 다르다고 느껴진다. 내 시야가 나로 가득 차면 타인이 설 공간이 없다. 가까운 사람이 무엇 때문에 오늘 참 힘들었다는 이야기를 하는데 '너는 왜 지금 내가 이렇게 힘든데 그런 이야기를 해?'라고 받아치며 싸운 적도 있다. 왜 하필 내가 이렇게 고통스러운 시기에 네가 고통받을 수 있느냐니, 말도 안 되는 소리다.

그래서 힘든 사람 곁에는 사람이 많지 않다. 단순히 예전처럼 잘 나가지 않아서, 즉 떨어질 콩고물이 없어서 떠나는 것은 아니다. 고통이 한 사람을 이기적이고, 예민하고, 공격적인 사람으로 서서히 바꿔놓기 때문이다. 누군가 도와주려고 할 때마다 오히려 가까이 다가오는 사람에게 날을 세우게 된다. '당신 잘못도 있잖아요. 당신이 몰라주잖아요'라고 비난하게 되기도 하고, 그러다 그 비난에 대한 자책감에 빠져서 허우적대기도 한다. 그런 의미에서 고통은 참 잔인하다. 아픔을 주는 것이 전부가 아니라, 아픔을 극복할 자원인 관계까지 모조리 앗아가니 말이다.

아직 아물지 않은 상처가 있으면 살짝만 스쳐도 따갑다. 따가우면 어떤 행동이 튀어나올까. 넘어갈 수 있는 사소한 일에도 예민하게 반응하게 되고, 상대를 아프게 하는 말과 행동을 하게 된다. 이런 공격적인 태도 뒤에는 사실 혼자서는 감당하기 어려운 고통과 그 고통을 이해받고 싶은 마음이 꼭꼭 숨어있다. 이렇게 공격을 원인으로 대하지 않고 결과로 대하면 생각보다 많은 것이 달라진다. 이 단순한 프레임이 모난 나를 대하는 태도도 뒤집어놓았다. 내가 좀 찌질하고 모나게 굴어도, 쉽게 단죄하지 않는다. 그 안의 아픔을 발견하고, 아플 때 아파할 수 있게 기다릴 힘을 준다. 타인과의 관계에서는 단순히 '왜 저래'에서 그치지 않고, 혹시 그 안에 어떤 고통이 있는가 하고 들여다보게 한다.

며칠 전 예상치 못한 일에서 갑자기 언성이 높아지고 분위기가 험악해졌다. 더 이상 싸울 힘도 남아있지 않았을 때 잠시 멈춰 숨을 골랐다. 내 가슴에 꽂힌 아픈 말에 집중하지 않고 이 상황의 번역기를 돌려본다고 상상해봤다. 말이라는 건 어떤 경우에도 그 사람의 모든 진실을 담아내지 못한다고 되뇌면서. 내가 이해할 수 있는 언어를 떠나서 저 사람의 언어로 이 상황을 읽어보니, 딱 이 두 마디가 남았다.

"내가 이렇게 고통받고 있다는 걸 알아줘." "나를 좀 도와줄 수 있어?"

똑똑함은 나의 방패

"복덩거리야. 이거 무꼬 더 뚱띠 되면 어야노!"

할아버지 댁에 놀러 가면 새 할머니는 밤에 꼭 군만두를 시켜주셨는데, 시키면서 늘 장난 삼아 이런 말을 했다. 한번은 날 데리러 온 엄마가 할머니에게 "그런 말 애한테 하지 마세요. 애한테 안 좋아요"라고 말하는 걸 엿들었다. 엄마의 의견도 다르다고는 느껴지지 않아서 부끄러웠다.

어려서는 경북의 촌에서 컸다. 명절날 큰집에 가면 꼭 여자들은 모두 부엌에, 남자들은 TV 앞에, 남자아이들은 미니카를 들고 밖에 모여 있었다. 집안에는 여자아이가 없어서 나는 혼자 부엌에서 일하는 여자들과 TV 앞에서 술 먹는 남자들을 번갈아가며 관찰했다. 큰할아버지는 근엄한 갓을 쓴 채 지방을 쓰고 제사상을 살피셨지만, 어린 내가 보기에도 제일 근엄한 일은 사람들 입에 들어갈 음식을 만드는 일 같았다. 기묘하게도 중요한 일을 하는 여자들은 남자들과 같은 상에서 밥을 먹지도 못했다. 그때부터 이미 여자와 남자는 처음부터 다른 기대를 받는다는 것을 알았다.

나는 대체로 '통통'과 '뚱뚱'을 왔다 갔다 하는 체격의 아이였다. 오빠도 비슷한 체격이었지만, 유독 여자아이에게 어린 시절부터 요구되는 신체상은 완고하고 집요했다. '살'이라는 말만 들어도 짜증스러워져서 초중고 내내 살을 빼는 것만이 내 유일한 소원이었다. 늘 말랐던, 게다가 비만 클리닉을 운영했던 엄마는 내게 정체 모를 가루 같은 것(아마도 그 시절의 다이어트 약)을 먹이기도 하고, 음료수를 모두 끊게도 하고, 헬스장에 등록해서 운동을 시키기도 했다. 하늘도 무심하시지, 아무리 노력해도 살이 빠지지 않았다. 돌이켜보면 먹는 것 외에 나를 위안하는 다른 방법을 잘 몰랐다.

아빠는 다섯 형제 중 첫째였는데, 나는 사촌들을 모두 통틀어 집안에서 가장 늦게 태어났다. 막둥이 딸에게 기대하는 역할은 단단하고 좁았다. 막둥이는 굳이 뭔가를 잘하지 않아도 되는 '깍두기'였고, 그건 나를 자유롭게 하기도 했지만 서글프게 할 때가 더 많았다. 집안에서 내게 기대하는 건 애교스럽고 예쁜 딸이었는데, 사실 그 두 개 빼고는 다 해볼 만했던 것도 같다. 오빠처럼 나도 좀 더 '근엄한' 기대와 관심을 받고 싶었나. 하여튼 초등학교에 입학한 나는 뭐든지 더 잘해보기로 다짐했다.

나의 학교생활은 꽤 전투적이었다. 몇몇 애들은 덩치를 두고 대놓고 놀리거나, 은근히 따돌렸다. 한번은 방학 때 연기를 배우는 수련회에 갔다가 처음 보는 아이들과 불을 끄고 베개 싸움을 했다. 불을 끄자마자 아이들이 짠 것처럼 나를 손으로 때렸다. 불을 켰을 때는 아무 일도 없었던 듯이 모두 다 베개를 잡고 있었다. 아프고 부당하고 서러워서 눈물이 찔끔 났다. 물론 나도 한 덩치 하는데다 가만히 당하고만 있는 성격은 못 되는지라, 다음에 불이 꺼졌을 때 뱅 돌면서 베개를 빠르게 휘젓는 전략을 구사했다. 불을 켜보니 내게 다시 팔을 휘두르려던 아이들이 벌러덩 나자빠져 있었다. 통쾌한 기분이었다.

3학년에서 4학년으로 올라갈 때 갑자기 서울 8학군 한복판으로 이사를 했다. 그때부터 완전히 새로운 집단에 소속되기 위해서는 대단히 많은 노력과 나름의 필살기가 필요하다는 걸 알았다. 입을 열면 사투리가 튀어나올까 걱정스러운 마음에 관찰자처럼 조용하게 학기 초를 보냈다. 한 학기가 지날 때쯤에는 전학생인데다 뚱뚱하고 사투리를 쓴다고 나를 우습게 알던 아이들도 더 이상 무시하지 못했다. 똑똑함은 강함이었고, 방어막이라는 것을 배웠다.

그렇게 시간이 흘러 집에서는 '잘하는 아이' '안 시켜도 알아서 하는 아이'로 굳건히 포지셔닝 되었고, 부모님은 그걸 큰 자랑으로 삼았다. 이명박 정부 때는 특목고 열풍이 불어서 빠르면 초등학교, 늦으면 중학교부터 입시가 시작되었고, 우리 집에서 긍정적인 소통이 일어날 때는 '1등 했다'는 말을 할 때뿐이라는 생각에 사로잡혔.

중학교 때였나, 사회 시간에 서로 한 줄씩 돌아가며 교과서를 읽고 있었다. 내 차례가 되어서 글을 읽으려 입을 뗐는데 갑자기 교과서가 새빨갛게 피로 물들었다. 내 코에서 수도꼭지 튼 것처럼 피가 콸콸 쏟아진 것이다. 그 와중에 짝꿍이 건네준 휴지를 둘둘 말아 코에 꽂고는, 책을 읽겠다고 우악스럽게 교과서에 묻은 피를 마저 닦았다.

스스로 만족할 만큼 공부를 열심히 할 때 완벽하게 평정한 상태가 유지된다면 믿어질까. 코피 터지면서 공부하는 순간이 가장 마음이 편안했다. 아무도 나를 함부로 대하지 못하는 상태, 즉 가장 안전한 상태였다. 그 상태에 놓여 있는 동안 단순, 명쾌하게 평안했다. 그래서 계속해서 그 자리를 유지하고 싶었다. 폭주 기관차처럼 달렸다.

점점 억눌러왔던 '왜 이렇게까지 해야 하지?' 하는 의구심과 자유롭고 싶은 열망이 고개를 들었다. 질문은 속도를 늦추게 했다. 그동안 단순명쾌하게 정답이라고 생각했던 모든 게 혼란스러워졌다. 혼란은 불안을 표면 위로 끌어올렸다. 믿었던 유능함이 두꺼운 가면처럼 느껴졌고, 가면을 벗었을 때 있는 그대로의 나는 무가치한 게 아닐까 하는 생각에 시달렸다. 오히려 더 잘하면 잘할수록, 더 칭찬받으면 칭찬받을수록 무서웠다. 높아질수록 떨어질 때 더 아플 것 같았다. 성적은 방패이기도 했지만, 칼이기도 했다.

그 시절 나는 자신을 얼마나 형편없는 사람으로 여기고 있었던 걸까? 아마도 가면 뒤에는 8년 전의 외로운 전학생이 숨어있었던 것도 같다. 전학생은 사랑받고 싶었다. 그 모습 자체가 사랑스러울 수도 있고 사랑해달라고 요구할 수도 있다. 사랑받고 싶어서 뭐든지 잘하려고 했던 것이, 그것밖에는 몰랐던 것이 마음 아프다.

못 하겠어요

"그만하면 어때?"

영은이 물었다. 그만한다고? 속으로 말도 안 된다는 생각이 곧장 고개를 쳐들었다. 대답하기가 어려워 머뭇거렸다.

"그러면 최소한 너 상태가 어떤지 동료들한테 솔직하게 공유할 필요는 있을 것 같아."

맞는 말 같았다. 나라는 놈이 발을 빼지 못하게 슬랙에 '이번 주 팀 미팅에서 할 말이 있어요'라고 메시지를 남겨놓고, 나의 상태를 공유했다. 동료인 파이가 가만히 듣다가 영은과 똑같은 질문을 했다. "멈추면 어때요?" 지금 중요한 게 건강 말고 또 뭐가 있느냐고 물었다.

못 하겠다는 말을 꺼내는 상상만으로도 무너지는 건 왤까. '못 하겠어요'라는 말이 도저히 입에서 나오지 않았다. 내가 이걸 당장 못 한다고 세상이 무너지는 것도 아닌데, 심지어 따뜻한 동료들이 결정을 이렇게나 품어주는 상황인데, 나는 무엇 때문에 못 하겠다고 말하지 못할까. 왜 팀원들의 멈춰도 된다는 말과 흔들림 없는 눈빛에 나는 이렇게나 가슴이 뜨거워질까. 어째서 아무 데서나 그리 잘 울면서 눈물을 꾹 참고 싶어질까.

생각을 정리하기 위해 주절주절 일기를 쓰면서 참을 수 없도록 힘들어도 못 하겠다고 멈춰선 적이 없다는 것을 알게 됐다. 해보다가 안 하기로 한 적은 많지만, 내가 기억하는 한 결정적인 순간에는 견뎠다. 그 둘은 분명 다른 일이다. 가끔 뒤로 숨거나 그 자리에 잠시 주저앉아있긴 했어도 멈추지는 않았다. 그 사실을 알게 되고 나니 옛 동료인 솔이가 나에게 "언니는 무서워하면서도 끝까지 걷는 사람이야"라고 했던 말이 떠올랐다. 솔아, 내가 끝까지 밀어붙이는 건 그리 장한 일이 아니었는지도 몰라. 단지 '못 하겠다'는 선택지가 있는 줄 몰랐던 것인지도.

고등학교 1학년 때 나의 작은 세상이 한 번 무너져내렸다. 학교가 끝나면 학원에 가기 전까지 눈을 뜨고 누워

있었다. 처음에는 마음이 아파서 누워있었다. 울음이 위에, 심장에 뻐근한 감각으로 새겨지는 듯하더니 어느 날부터 심상치 않게 열이 오르기 시작했다. 오른 열은 내릴 줄 몰랐다. 내 몸의 온도 조절 장치도, 소화기도, 척추도 서서히 망가졌다. 아빠는 진단상으로 '백혈병'이든 뭐든 확실한 병이 나오기 전까지는 나의 고통을 신뢰하지 않았고, 진단명을 붙이지 못한 채로 이런저런 병원에 다니면서 점점 나조차도 꾀병을 부리는 게 아닐까 하는 의문이 들었다.

병원에 다녀온 날에도 어김없이 학원에 갔다. 그 수학 학원 원장은 지독해서 직접 수업을 하고 직접 시험지를 만들었다. 10명의 아이를 대상으로 한 수업이면 10개의 시험지를 각각 준비했다. 서로 답을 전해주지 못하게 차단한 것이다. 모든 문제는 어려웠고, 틀리면 수업이 정시에 마쳐도 한 문제당 5분씩 더 남아서 지루한 수학 문제를 풀어야 했다. 원래 마치는 시간은 11시. 시험을 망친 날에는 12시가 되어야 그곳을 벗어날 수 있었다. 아침 6시에 일어나야 하는 아이에게 12시는 너무 늦은 시간이었다.

아침이면 엄마가 학교 앞에 나를 옮겨놨다. 자는 나를 몇 번이고 깨워 차에 태웠다. 총알택시처럼 운전해서 일일이 등교를 시켰다. 학교 앞 300미터쯤에서 동상 내리듯 내려지면 한 발 한 발 걸으며 잠이 깼다. 임마는 그게 사랑이라고 생각해서 정말 눈물겨운 노력을 했다. 그런 엄마를 보면 내가 전사가 되지 않을 수 없었지 싶다. 엄마 곁의 나는 늘 부족했고 못나 보였지만, 나를 미워하는 편이 엄마를 미워하는 것보다 나았다. 엄마를 사랑해서 이 악물고 버텼다는 것을 너무 늦게 알았다.

엄마는 아픈 내게 자꾸 이상한 해결책을 줬다. 더 많은 약이나 더 많은 학원, 더 능력 있는 과외 선생님을 나에게 제안했다. 더 많은 약을 먹으며 더 많은 사교육을 받고 더 오랜 시간을 울었다. 그때 왜 아무도 나에게 멈춰도 된다고 하지 않았을까. 내가 학원을 그만두거나, 학교를 그만둘 수 있다고 알려주지 않은 것은 왜일까. 담임은 왜 고등학생의 실패를 영원한 실패인 것처럼 말했을까. 왜 친척들은 이렇게나 많은 학원에 다닐 수 있게 해주는 풍족한 집안 환경에 절이라도 해야 한다고 말했을까. 병든 나를 '복덩이'라고 부르는 곳은 적어도 나에겐 혼란스럽고 절망스러운 세상이었다.

20대 때 나는 그 아이를 오래도록 끌어안고는 했다. 얼마나 모진 말을 내뱉든, 얼마나 많은 눈물을 흘리든, 울지 말라거나 그런 생각 하지 말라는 말 없이 할 말이 더 이상 없을 때까지 들어주곤 했다. 언제고 잃어버린 적 없는 너의 빛나는 점을 여러 번 힘주어 말해줬다. 그 아이는 그렇게 해줄 때 마음이 진정되었고, 그때는 더 이상 나를 제멋대로 휘두르지 않았다. 하지만 늘 그걸로 충분해하지는 않았다. 뭔가 더 할 말이 있는 것 같은 찜찜함이 남았다.

멈추는 시간이 걷는 시간과 같은 무게를 갖는다는 확신. 확신을 더 확고하게 만들어 주는 동료들로부터 나는 예상치 못하게 아이의 그 찜찜한 표정을 이해할 실마리를 찾았다. 무엇보다 그 아이가 가장 원했던 건 정지 버튼이었다. 그건 내가 왜 쉼이라는 주제에 매번 매달리는지도 선명히 알게 했다. 지금 그 시절의 나로 돌아갈 수만 있다면 팀원들이 내게 해주었듯이 멈춰 설 수 있도록 현실적이고 구체적인 선택지를 제안해줄 것이다. 그건 혼자서는 너무 어려운 일일 테니까. 학교에서 나와 검정고시를 준비해 볼 수도 있고 대학이 아닌 다른 선택지를 생각해 볼 수도 있고, 가고 싶던 유학을 준비할 수도 있다고 말해주고 싶다. 그것만큼 그 아이에게 '나는 너를 믿는다'는 걸 확인시켜줄 방법이 있을까.

내가 쓴 글에서 스스로 이해되지 않는 챕터의 어떤 문

장들은 계속해서 나를 끌어당긴다. 한참 먼지가 쌓여 덮여 있다가도 그 부분은 언제고 다시 펼쳐져 나를 빨아들였다. 이제는 이 챕터의 마침표를 찍고 책을 정말로 덮을 수 있을 것 같다. 어떤 일이 있었는지 정확히 이해하고, 어린 내가 정말로 무엇을 애타게 원했는지 찾았다는 어떤 느낌이 든다. 이제는 그 아이가 나를 찾아와도 흔들리지 않을 수 있을 것 같다. 비로소 어떤 대답이 돌아오든 감당할 준비가 되어있으니까.

그 시절을 영원히 다시 살 수 없다는 사실은 나를 슬프게 한다. 나를 붙잡던 분노와 자책감, 혼란스러움이 흘러가고 슬픔이 남은 것이다. 회복은 늘 예기치 못한 곳에서 울퉁불퉁한 모습으로 찾아온다. 호흡을 가다듬고 떨리는 목소리로 몇 번 말해봤다. 못 하겠어요. 못 하겠어요. 못 하겠어요. 이상하게 가슴 한편이 뜨거워지고 용맹해진다.

매일 만족하는 연습

얼마 전 함께 사는 영은이 선우정아 콘서트 티켓을 구해다 줬다. 선물로 건네준 공연 티켓이 묵직하게 느껴진 것은 빠듯한 주머니 사정을 알아서일까. 그날 컨디션이 좋아야 할 텐데, 하고 걱정하는 마음이 자꾸만 올라와서일까. 콘서트 당일, 공연장까지는 집에서 버스로 10분밖에 걸리지 않았다. 설레는 마음으로 공연장에 들어갔을 때 생각보다 작은 관객석 크기에 놀랐다. 오밀조밀한 공연장인 만큼 무대까지의 거리도 꽤 가까웠다. 공간은 공연장 특유의 뿌연 연기와 이따금 변하는 파스텔 톤의 조명으로 채워져 있었고, 선우정아다운 엉뚱하고 낯선 배경 음악이 몸을 살짝 긴장되게 했다.

콘서트의 첫 번째 곡은 황홀했다. 달콤하고 장난스러운 노래였다. 귀여운 양 갈래 머리를 한 선우정아는 수줍은 목소리로 "자신이 너무 사랑해서 부르지 않을 수 없었던" 몇몇 재즈곡을 연이어 소개했다. 그녀가 즉흥적인 애드립으로 곡을 채워넣을 때 함께 연주하는 밴드의 신난 표정은 나까지도 불규칙한 재즈 선율에 흠뻑 빠져들게 했다. 그렇게 끝까지 들을 수 있었다면 얼마나 좋았을까. 어깨 위에 곰이 올라선 듯한 묵직한 통증이 느껴졌다. 관객의 환호성이 커지는 만큼 날카로운 두통과 이명이 점점 강도를 높여갔다.

모두가 환호하는 콘서트에서 나 혼자 통증과 싸움을 벌이는 동안 갑작스레 외로움에 빠져들었다. 자리가 없어서 한 자리 띄워 앉은 영은은 세상에서 가장 멀리 있는 듯했고, 콘서트장을 가득 채우는 소리가 종종 아득해졌다. '공연장을 떠나도 될까? 표를 어렵게 구해줬는데 서운해하지 않을까. 내가 이렇게 아픈데 표는 왜 줘서 나를 이렇게 힘들게 할까. 어떻게 나가지. 아니야, 참고 있어보자. 너무 괴롭다. 오늘 일도 안 하고 아무것도 안 했는데 왜 이러지. 이러다 기절하면 안 될 텐데.' 고통과 싸우면 싸울수록 괴로워지는 건 나였다.

가수가 잠시 숨을 고르기 위해 음악을 완전히 멈췄을 때 공연장을 빠져나왔다. 바깥에는 지친 스태프들만 대기석에 드러누워 있을 뿐, 콘서트를 떠나는 사람은 아무도 없었다. 정신이 좀 들고 나서야 티켓, 핸드폰, 지갑을 모두 영은이 갖고 있다는 사실이 떠올랐다. 공연장 앞의 벤치에 비스듬히 앉았다. 바깥에서 들어오는 공기가 차갑게 느껴질 때쯤 천천히 발을 옮겼다. 집까지 대략 30분. 천천히 걸어도 40분이면 충분히 도착할 거리였다. 걸을 수 있어 다행이었다.

주머니에 손을 쿡 찔러넣고 목과 어깨를 웅크린 채 천천히 걸었다. 걸으며 병에 대해 생각했다. 통증 때문에 반강제적으로 일을 그만둔 지 이제 일주일이 지난 참이었다. 더 이상 왜 내가 일을 쉬어야 하는지 모르겠다는 말은 꺼낼 수 없겠다는 생각이 들었다. 나는 아팠다. 그건 지난주처럼 살 수는 없다는 뜻이고, 동시에 그 사실을 내가 받아들여야 한다는 의미이기도 했다. 아픔은 오로지 나만 느낄 수 있고, 나를 지키는 결정을 할 수 있는 것도 나뿐이었다. 내가 나의 상태를 인정해야만 앞으로 나아갈 수 있을 터였다.

그 날을 기점으로 내 삶에 여러 변화가 깊이 밀려오는

것을 느꼈다. 환호성으로 가득 채워진 콘서트장을 제 발로 벗어나야 했듯 당연하게 누리던 커피집에서의 소소한 수다도 이전처럼 누리기가 어려워졌다. 무리하지 않는 것이 무리하기보다 어렵단 걸 알았다. 일상의 반경이 줄어들었고, 주요한 이동 수단이 바뀌었다. 더 이상 컴퓨터를 오래 할 수 없었고, 핸드폰을 오래 쥐고 있기가 어려워졌다. 불안으로 가득 채워진 SNS를 보고 싶지 않아졌고, 안 듣던 팟캐스트를 듣게 되었다. 달을 자주 봤고, 볕을 쬐는 것이 즐거워졌다. 편안한 바지를 주로 입게 되었다.

경제 활동을 할 수 없으니 치료비와 식비 외에 소비를 최소한으로 줄였다. 아침밥을 오래 씹었고, 커피를 차로 바꾸었다. 강아지와 평소보다 넉넉하게 산책했고, 그 시간에는 다른 강아지를 마주칠 일이 조금 더 적었다. 자연히 하루의 리듬이 달라졌다. 적당히 가까운 사람들과 만날 일이 줄어들었고, 아주 가까운 사람들을 이전보다 조금 더 자주 보게 되었다. 가까운 사람들에게 크고 작은 도움을 요청하게 되었고, 쓸모있는 인간일 때나 별 쓸모없는 인간일 때나 나를 그대로 사랑해주는 사람들이 있다는 것을 느꼈다. 사람들이 나의 쓸모 때문에 나를 좋아하는 건 아니라는 것도.

원래 갖고 있던 나와 관계, 세상에 대한 생각(나는 누구며, 어떤 사람으로 살 것인지, 다른 사람들을 어떻게 대할 것인지, 산다는 건 무엇이고 어떻게 살 것인지)들을 되돌아봤다. 그건 마치 나를 잃는 것처럼 혼란스러웠다. 나를 지탱하던 신념, 당연하게 누리던 즐거움, 왕성한 체력, 아름다운 혈색을 잃고 남은 자리에는 가장 중요하고 진실한 것들만 남았다. 낙엽을 떨어뜨린 앙상한 나무에는 진심으로 아끼는 사람들, 여전히 이어서 하고 싶은 일, 대단치 않아도 순수하게 즐거운 몇몇 순간들이 걸려 있었다. 때로는 얻기 위해 잃는다는 걸 믿게 되었다.

요즘은 매일 만족하는 법을 연습하고 있다. 너무 이르거나 늦지 않은 아침에 일어났다면 만족스럽다. 게으름을 피우다가 끝끝내 세수하고 보습 로션을 바르면 만족스럽다. 느지막이라도 아침밥 비슷한 것을 챙겨 먹었다면 만족스럽다. 천천히 동네 한 바퀴를 돌고 집에 돌아온다면 만족스럽다. 특히나 집 앞의 언덕을 걸어 올라온 것이 대단히 만족스럽다. 집 앞에 와있는 택배를 바깥에서 잘 뜯어서 갖고 들어온 것이 만족스럽다. 전기세를 제때 낸 것이 만족스럽다. 성실하게 저녁을 뭘 먹을지를 고민할 때 만족스럽다. 몸 곳곳을 쭉쭉 늘여주며 나를 돌보는 것이 만족스럽다. 그리고 선우정아의 노래를 집에서 들을 수 있다는 것이 만족스럽다.

중심선

"여기 한 번 반듯하게 서세요."

반듯하게 서본다. 이쯤이면 반듯하게 선 거겠지.

"보이세요? 어깨 높낮이 다른 거? 뒤에서 보면 척추가 아주 잘 보이는데… 사진 한번 찍어볼게요."

치료사 선생님이 양어깨 끝에 손가락을 대어주셨다. 손가락의 높이를 보니 왼쪽이 오른쪽보다 확연히 낮았다. 사진에서도 약간 왼쪽으로 기울어진 것이 보였다. 내 몸에서는 완벽하게 균형 있게 서 있다고 느껴지는 자세가, 실제로는 비스듬한 자세였다. 내가 느끼기에는 약간 오른쪽으로 치우쳐진 자세가 제대로 선 상태였다. 선생님이 자세를 수차례 바로 잡아줘도, 자세를 흩트렸다가 다시 바로 서보라고 하자 금세 잊어버렸다. 어디가 중심인지를 내 몸이 잊은 것이다. 이게 지긋지긋한 목, 허리 통증의 근원이었다.

얼굴이 무거운 망치를 떠올리면 이해하기가 편했다. 망치를 땅에서 수직 방향이 되도록 세워서 들면 생각보다 가볍다. 망치를 가로로 바닥과 수평이 될 때까지 점점 기울이면 금방 무거워진다. 정확하게 수직 방향으로 서 있을 때 가장 가벼워지고, 오래 들고 있기에도 안정적이다. 우리 머리도 매우 무겁다. 바닥에서 수직으로 서 있을 때와 달리 수직 방향에서 조금이라도 각도가 생겼을 때는 머리의 무게가 급격히 무거워진다.

비스듬히 서 있으면 머리 무게를 붙잡기 위해서 여기저기서 많은 근육이 쓰이면서 통증이 시작된다. 거북목이라서 뒷목과 어깨 뒤의 근육이 머리의 무게를 붙들었고 어깨가 갑옷처럼 뻣뻣해졌다. 서 있을 때 특히나 내 머리를 붙잡기 위해 열일 하는 부위는 의외로 종아리라서 종아리 근육도 단단했다. 나의 튼튼한 종아리가 부들부들 거리며 내 머리 무게를 지탱하고 있는 줄은 몰랐다. 미워하기만 해서 미안했다.

무엇보다 그렇게 불편하게 서 있어도 그게 불편한 줄

모를 수 있다는 게 참 신기했다. '나는 제대로 서 있다'는 근거 없는 확신과 비스듬한 자세에서 자꾸 편안함을 찾는 내 몸이 변화하지 못하게 하는 것이다. 내 몸을 바로 세우려고 할 때마다 내 삶도 비스듬한 게 아닐까, 하는 생각에 빠져들었다. 삶이 비스듬한데, 나 혼자서 지금 바로 서 있다고 착각하는 게 아닐까 하고. 내가 중심이라고 생각했던 곳이 중심이 아닐 수도 있지 않을까? 불편하고 힘든 상태에 길들여져서 어디가 중심인지를 잊었을 수도 있지 않나.

    비스듬한 망치를 계속 들고 있으라고 하면 고문일 것이다. 일단 손목이 남아나지 않을 것 같다. 그러면 일반적으로는 손목을 치료하기 위해서 무진 애를 쓰는 게 당연하다. 하지만 아무리 손목에 파스를 붙이고 체외충격파 치료를 받아봤자, 내일 또 비스듬한 망치를 계속 들고 있으면 다시 아파질 거다. 가장 정확한 방법은 망치를 수직으로 바로 세우는 거겠지. 가끔 내가 중심이라고 생각하는 걸 의심해보는 것도 좋은 것 같다. 우리는 불편하고 이상한 상태에서도 얼마든지 편안함을 찾을 수 있으니까.

성장은 달팽이보다 느리다

함께 사는 노영은 씨(32세)는 내킬 때 일어나고, 하고 싶을 때 일을 시작한다. 아침에는 느긋하게 커피를 마시고, 자네를 산책시키고, 신문을 읽는다. 처음에는 못마땅했다. '저렇게 살아도 되나?' 하는 생각이 들어 옆에서 달달 볶기도 했다. 언제까지 마감이면 그 마감을 칼 같이 지켜야지, 상황에 따라서 밀리는 것도 너무 싫었다. 솔직히 '일이 되게 하는 것'은 대체로 내 쪽이었기 때문에, 나는 그를 몰아세우는 것이 나의 사명이라고 생각했다.

오래 같이 있다 보니 '노며들어버린' 걸까. '왜 편할 때 일어나면 안 되지? 왜 하고 싶어졌을 때 일을 시작하면 안 되지? 왜 마감이 내일이면 안 되지?'라는 생각이 들었다.

굳이 새벽 6시에 일어나서 미라클 모닝을 해야만 잘 사는 것인가. 하기 싫은데도 꾹 참고 일을 엉덩이로 하면 정말로 더 나은 성과를 올릴 수 있나. 마감이 하루 늦춰지면 문제가 생기나? 꼭 그렇지만은 않았다.

영은은 대체 어떻게 저렇게 편안하게 쉴 수 있을까? 처음에는 그저 갖고 태어난 기질이 달라서가 아닐까 싶었는데, 중학교 3년, 고등학교 3년, 모두 6년의 세월 동안 우리가 보냈던 시간은 사뭇 달랐다.

영은은 시험 스트레스를 받은 적이 거의 없다시피 했더랬다. 어머니는 영은에게 학업에 있어서 많은 것을 요구하지 않았고, 성적과 영은의 가치를 한 번도 동일시하지 않았다. 대신에 주말마다 도서관에 가서 따로 책을 읽다가 정해진 시간이 되면 만나서 읽은 책에 대해 얘기하면서 집으로 돌아왔다. 영은은 엄마와 함께하는 주말의 그 시간이 무척 기다려졌다고 했다. 고등학생 때도 중국어 학원에 다녔을 뿐 학원에 다녀본 기억이 없고, 밤새며 늦게까지 공부해본 적이 없었다.

중고등학교 6년 동안 나는, 아니 우리는 어떻게 달라졌을까, 문득 그런 생각을 했다. 내가 중고등학교 때 배운 것은 이런 게 아닐까.

1분 1초라도 엉덩이로 더 버틴다. 1분 1초라도 더 앉아 있어서 '노력하는 느낌'을 느끼는 데에 집중하게 한다. 지나치게 하는 것에 대한 염려나 제지는 없고, 장려하고 칭찬한다. 무엇이든 끝까지 하는 아이라는 자긍심을 키운다. 반대로 적당히 하는 것은 비난받을만한 일이 된다.

뭘 좋아하는지 솔직해지지 않는다. 실제로 내가 좋아하는 것이 부모님이나 선생님이 가치 있게 생각하지 않는 것인 경우에는 그 가치를 평가절하한다. 내가 좋아하는 것과 부모님이 좋아하는 것이 혼동된다. 좋아하는 것보다는 잘하는 게 더 중요하다. 예를 들어 아이가 수학을 잘하지는 못하지만, 수학을 좋아한다는 이야기를 하면 '그런데 성적은 왜 그 모양이냐'라고 비판받을 각오를 해야 한다.

삶, 나에 대해 깊이 성찰하지 않는다. 아이들이 부모님이나 선생님이 시키는 대로 하다가 그들의 방식이나 신념에 의문을 품게 되는 문제가 생기면, '얘가 사춘기인가, 왜 되지도 않는 고민을 해'라며 일축한다. 아이가 스스로 성찰하는 것을 미룰수록 칭찬받는다. 곁에는 공부의 의미, 삶의 의미와 같은 정답이 없지만 중요한 문제를 함께 논의할 어른이 없다.

이 시기가 결정적인 시기라고 믿는다. 수능 성적이 인

생을 결정짓는 것처럼 이야기한다. 입시 너머의 세상을 이야기하지 않거나, 제멋대로 각색해서 이야기한다. 이 시기가 끝나면 또다시 새로운 챕터가 펼쳐질 뿐이며, 지금 공부하는 내용이 실제로 삶을 살아가는데 충분한 대비를 시켜주지는 못한다는 것을 인정하지 않는다.

성적이 곧 나의 가치라고 믿는다. 능력에 따라서 나의 가치가 평가된다는 생각을 하게 된다. 능력이 없는 나는 아무런 가치 없는 존재가 된다는 두려움을 느끼게 한다.

실수나 실패를 했을 때 어떤 마음으로 극복해나가야 하는지 알려주지 않는다. 실수를 당연한 학습의 과정으로 받아들이도록 하기보다는, 실수는 철저히 피해야 하는 것으로 본다. 실수한 것을 숨기려다 보니 역으로 계속 실수하게 된다.

쉴 때 죄책감을 느끼도록 훈련받는다. 쉬는 시간마저도 잘 사용해야 한다는 것을 강조하며, 쉬는 시간의 의미를 성적을 잘 내기 위함에 둔다. 편안하게 쉬지 못하고, 뭔가를 해야 할 것 같은 압박감에 시달린다.

중요한 일과 중요하지 않은 일을 구분한다. 체육, 기술, 가정은 중요하지 않다. 그 시간에 영어 문제 하나, 수학 문제 하나 더 푸는 게 중요하다. 몸을 움직이는 즐거움, 한 사람으로 살기 위해 집안을 돌보는 책무는 중요하지 않은 게 된다.

한국식 교육이 어떤 부분에서 탁월한 인재를 만드는 것은 사실이다. 그 시기에 교육받은 내용보다는, 그때 훈련받은 태도가 영향을 끼친다. 능력에 대한 불안, 자신을 무가치하게 느끼는 감정은 더 전문적이고 탁월한 인재가 되기 위한 드라이브로 작용하기도 한다. 하지만 적어도 나에겐 한국식 교육이 알려준 방식으로는 3년이 아니라 30년, 40년을 일하는 것은 불가능에 가깝다. 성과는 있을지언정 나의 건강과 행복은 지켜내기 어렵다.

나는 그 시기에 배운 거의 모든 것을 반대로 뒤집는 걸 연습하고 있다. 엉덩이로 버티면서 이 악물고 일하는 것이 얼마나 나의 몸, 마음 건강에 해로운지 철저하게 알게 된 이후부터는 적당히 하는 것, 중요하지 않은 욕망을 내려놓는 것을 겨우 연습해가고 있다. 해야 해서 일하는 것이 아니라 더 잘하고 싶은 마음으로 일하는 것이 성과물에 어떤 차이를 가지고 오는지를 확인하고, 도대체 내가 좋아하는 게 뭔지 다시 더듬더듬 찾아가고 있다. 남들이 인정해주고 칭찬해줘서 좋아하는 일 말고, 하는 과정이 즐거운 일 말이다. 내가 살아가는 대로 생각해 버릇하다가 당연하게 여기는 것들에 질문을 던지기 시작했고, 아무것도 하지 않아도 나는 나 자체로 가치가 있다는 것을 믿어주려고 애쓰고 있다.

 이 모든 과정들이 달걀 뒤집듯이 탁 뒤집어지면 얼마나 좋을까. 쉬면서 죄책감에 시달리고, 불안에 가슴 떨려하며 일의 성과와 나를 동일시하며 내달리고, 또 나자빠지기를 반복한다. 소프트웨어를 갈아 끼우는 것보다 더 험준한 과정이다. 그 어디에서도 체계적으로 가르쳐주지 않으니 혼자 여러 시행착오를 거치면서 나에게 맞는 속도, 방식을 어렴풋이 찾아가고 있다. 성장은 정말이지 달팽이보다 더디다.

그건 정신 승리 아닌가요?

마음을 바라보다 보면 내가 나 자신에게 얼마나 가혹한지 발견하게 된다. 스트레스받는 상황이 닥치면 옳고 그름을 따지면서 대체 왜 이런 문제가 일어났는지 손가락질하는 데 집중한다. 막상 그 문제에 봉착한 내가 어떤지 살피지 않는다. 불안, 분노에 휩싸인 채로 문제를 해결해보려고 애써도 도무지 해결되지 않는다. 그럴 때 명상 수업을 찾는 사람들이 많다. 나 역시 그랬다.

    수업에서는 그럴 때 그 상황에 처한 것이 내 친구라면 어떤 말을 해주고 싶은지, 어떤 도움을 주고 싶은지 떠올려보라는 힌트를 던진다. 나를 대할 때보다 훨씬 더 우호적으로, 따뜻하게 바라봐주게 되기 때문이다. 잘하고 있다는 말도, 괜찮다는 말도 그제야 하나둘 나오기 시작한다. 그러다 한 번은 이런 질문을 받았다.

"이거… 정신승리 아닌가요?"

친구라면 모르겠지만 자기 자신에게는 잘하고 있다는 말이 나오지 않는다는 것이다. "내가 모든 것을 잘하고 있지는 않지만 잘하고 있는 부분이 있지는 않은가요?"라고 물었더니 돌아오는 대답이 없었다. 명상 수업에 찾아올 만큼 노력하고 있는데도 잘하고 있는 부분은 보이지 않는 모양이었다. 당황했다. 잠시 숨을 고르고 나니 웃음이 지어졌다. "정신 승리하면 왜 안 되나요?"

정신 승리라는 말은 보통 부정적으로 쓰인다. 마음대로 사실을 구부려서 자기 좋을 대로 생각하는 것이 정신승리다. 하기야 그런 의미에서라면 내가 지금은 잘하고 있지 못하지만 좀 더 잘할 수 있도록 앞으로는 잘할 수 있다고 스스로 믿어주는 것도 분명 정신승리다. 잘할 수 있고 없고를 우리가 미리 알 수는 없는 일이다.

돌이켜보면 함께 일하던 사람들을 자금 소진으로 인해 해고하고, 코로나로 센터를 두 차례 닫고, 개발자를 뽑는 과정에서 잘못된 의사결정으로 투자금의 상당 부분을 날리고, 회사에 돈이 없어 있는 돈 없는 돈 끌어모아 회사

통장에 넣으면서 김밥만 몇 날 며칠을 먹었지만, 그것으로 무너지지 않았다. 무너지지 않았을 뿐만 아니라 강인해졌다. 그 경험이 어떤 면에서는 성공이라고 느껴졌다. 나에게는 통렬하고 정확한 배움이라고 생각했기 때문이다. 실패를 실패로 느끼지 않았으니 이것도 정신 승리일까.

반대로 충분히 잘하고 있는데도 남들과 비교하면서 부족함을 느끼는 것은 정신 패배이지 싶다. 좋은 일이 있어도 그것이 얼마나 소중한지 모르고 지나쳐버린다면 그것도 정신 패배일 거다. 어떤 경험이든 나의 '정신'을 거치는 이상, 객관적인 경험은 없다. 지금 이 순간에도, 벌어지고 있는 일과 그 일에 대한 내 느낌, 해석을 합해 경험으로 만드는 중이다. 그렇다면 우리는 늘 어느 정도 정신 승리하거나 정신 패배하면서 사는 건 아닐까?

얼마 전 〈유퀴즈〉라는 TV 프로그램에 출연한 한 할아버지 이야기를 보았다. 할아버지는 조폐공사에서 퇴직 후에 사업을 벌이다 실패한 후로 기억 상실증이 왔다고 한다. 심할 적에는 딸도 알아보지 못할 정도였단다. 이제는 기억이 대부분 회복되었고, 매일 두 발로 다니면서 택배 배달을 하신다고 한다. 기억상실증이 생겼을 때 그전에 써둔 기록이 있다면 얼마나 좋았을까 후회하셨다고 했다. 그래서 블로그에 매일 일기를 쓰신단다.

일기에는 택배를 배달하다가 우연히 도로에서 만난 잡초 꽃 이야기도 있고, 평범한 날씨 이야기도 있다. 그날 할아버지가 겪은 소소한 일에 그만의 어떤 의미를 눌러 담은 글이 쭉 소개되었다. 마칠 때쯤엔 눈물 콧물이 다 났다. 누군가에게는 아무것도 아닐 수 있는 이야기가 할아버지의 겸허한 시선 속에서 감사한 이야기로 피어나는 것이 가슴을 훈훈하게 했다. 하루 8시간 일하고 2만 원 일당을 받는다는 말에 놀란 패널들에게 환한 웃음으로 "제게는 참 큰돈이죠"라고 답하시는 모습도 기억에 남는다.

우리는 참 주관적이다. 그래서 삶도 당연히 주관적이다. 일어난 일만큼이나 일어난 일에 대한 나의 주관적인 해석이 중요해진다. 나에 대해, 내가 살아온 삶에 대해, 지금 내 일을 해나감에서도 나에게 유리하고 친절한 방식으로 해석하는 데 너무 강한 거부감을 가질 필요는 없다. 자신에게 불리하고 무자비하게 해석하는 일은 도움이 되지 않는다. 그러니 맘 편히 나에게 좀 더 너그러워져도 괜찮다는 생각이다. 우리가 각자의 주관으로 정신 승리하면서 살면 좋겠다.

조금 배고픈 상태의 행복

눈이 오는데도 메타세쿼이아 길을 걷겠다고 집을 나섰다. 겨울의 메타세쿼이아 나무는 잎 없이도 아름다워서 그 사잇길을 걷다 보면 동화 속에 들어온 것 같다. 메타세쿼이아 나무들이 빼곡히 심어진 길에 도착했을 때 주변에 사람이 있는지 한 번 살폈다. 아무도 없는 걸 확인하고는 양팔로도 안기지 않는 큰 나무를 한참 껴안고 있었다. 잠깐 숨 쉬며 나무 냄새를 맡았다. 겨울 냄새가 났다. 청설모가 부스럭거리는 소리에 흠칫 놀라선 껴안던 손을 주머니에 쿡 찔러넣고 다시 출발했다. 좀 더 걷다 보니 잣나무길도 나오고, 소나무들이 쭉 심어진 곳도 나왔다. 실컷 나무 구경을 하다 보니 어느새 안산을 한 바퀴 다 돌고 출발할 때 점

찍어뒀던 식수대에 도착했다.

    산에서 다 내려오고 나니 얼마나 배가 고픈지 그제야 느껴졌다. 안산에서 동네까지 20분은 더 걸어야 했는데, 한 걸음 한 걸음 뗄 때마다 머릿속에서 메뉴판이 넘어갔다. 집에 가서 남아있는 육개장을 먹을지, 가는 길에 김밥을 사 먹을지, 왠지 삼계탕이 먹고 싶기도 했는데 혼자 먹기에는 좀 거창한 메뉴 같았다. 그러다 얼마 전 혼자 창가 테이블에 앉아서 카레를 먹고 있던 사람이 떠올랐다. 카레! 혼자 먹기에 카레만큼 완벽한 메뉴가 있을까.

    돈가스가 얹어진 카레라이스를 하나 주문하고 가게 끝에 마련된 아주 작은 세면기에서 신성한 마음으로 손을 씻었다. 자리에 앉아서 준비된 보리차를 한 잔 마셨다. 약간 배고픈 상태에서 마시는 보리차는 선명한 색과 신선한 맛으로 다가왔다. 카레를 기다리면서 이렇게까지 행복한 일인가 하는 생각이 들었다. 조금 기다리니 강황 가루를 넣었는지 노란 쌀밥에 카레가 듬뿍 부어져 나왔다. 밥 한 숟갈, 돈가스 한 입이 이렇게 생생하게 맛있을 수가. 황홀한 맛이었다. 맛있는 밥을 먹으려면 빈속으로 산을 타면 되는구나! 너무 단순한 진실이었다.

    배부른 상태로 살아가는 것이 행복처럼 보였다. 하지

만 결핍은 쏙 빼고 충족의 순간만 있었으면 좋겠다는 바람은 앞뒤가 안 맞았다. 매일 커피를 사 마시던 때보다 돈을 모으느라 근사한 커피를 일주일에 한 번쯤 마실 수 있었던 때 나의 커피 생활은 훨씬 만족스러웠다. 단순히 커피 마시는 순간만 행복한 것이 아니라, 틈틈이 이번 주말에 어딜 갈지 찾고, 한적한 카페에서 마시는 첫 한 모금을 상상하고, 아침에 일어나 카페에 찾아가는 길은 그 자체로 이미 환한 기쁨이었다. 애타는 기다림 없이 먹을 수 있었던 때에는 그만큼 애타는 감동이 없었다. 때로는 화려한 커피가 살아남기 위한 생존용 커피로 전락해버린 탓이었다. 결핍이 충족을 만들 뿐만 아니라, 결핍의 순간도 충족의 순간만큼 행복을 줬다.

약간 부족할 때 채우기를 기대하게 되고, 채워질 수 있도록 노력하게 됐다. 반대로 부족한 것이 없어 기대할 것이 없으면 행복도 없었다. 뭔가를 하고 싶은 마음 자체가 사라지니, 할 것도 사라졌다. 지금 나에게 좀 부족한 게 있어야 욕망이 생기고, 욕망이 있어야 행복이 있는 거구나. 한참 산을 타다가 내려와서 먹는 돈가스 카레가 밥알 한 알 한 알이 아쉬울 만큼 감동적인 것도, 부족함이 더 큰 행복이 되어서가 아닐까. 나에게는 이제껏 부족함이 부족했다. 그리고 부족함이 얼마나 소중한지를 몰랐다.

    채워지지 않는 목마름이 있어서 찜찜한 마음으로 침대에 누워있을 때면 그날의 카레를 떠올린다. 따뜻한 온기가 필요한 날, 한 줌의 용기가 채워지지 않는 날, 사소한 것이라도 하나 해냈다는 성취감이 없었던 날. 그때 마음의 배가 살짝 허기진 그 느낌에 잠시 집중해보곤 한다. 지금 이 부족함 때문에 내일 조금 더 큰 행복이 찾아오지 않을까? 그렇게 생각하는 것만으로 팽팽하던 마음이 느슨해진다. 당장 맛있는 카레를 먹지 못해 속상할 수도 있지만, 정말 맛있는 밥을 기다리면서 설렐 수 있는 특권을 누릴 수도 있다.

다시 무너질 거예요

10회 정도 치료를 받았을 때 치료사 선생님이 내 몸을 그려주셨다.

"조금 과장되게 그리면 이렇게 생겼어요. 일단 평발이시고. 언뜻 봐도 오른 다리가 짧아 보이는데, 그건 오른쪽 골반이 들려있어서고요. 오른쪽 골반이 들려있다 보니 허리는 왼쪽으로 휘었고, 흉추는 오른쪽으로 휘어있어요."

S자 모양의 측만을 갖고 있으면 조금 적나라하게 말해서 상체가 찌그러진단다. 왼쪽은 어깨 부근에서 갈비뼈 있는 곳까지 찌그러져 있고, 오른쪽은 허리가 집혀있다. 측면에서 척추를 보자면 상태는 조금 더 심각해서 원래 곡선을 띄어야 할 아래 허리는 판판하고, 목은 원래 휘어야

하는 방향의 반대쪽으로 꺾여 있다고 했다.

치료를 받고 집으로 돌아가는 길에 이 그림을 핸드폰 잠금화면 배경 사진으로 지정해놓았다. 앞으로는 일할 때 자세를 똑바로 해보자고 다짐하는 의미에서.

하루는 앉아서 정신없이 업무를 처리하다 핸드폰 배경화면이 눈에 걸렸다. 몸을 의식해봤다. 정말 딱 저 그림의 모양 그대로라 소름이 끼칠 지경이었다. 저렇게 불편해 보이는 자세가 그리 불편하게 느껴지지 않아 우울해졌다. 수년, 아니 수십 년에 걸쳐 잘못된 움직임이 습관이 되어버린 것이다. 상체가 나사 돌듯이 오른쪽으로 돌아가는 것이 느껴졌다.

제대로 몸을 바로 잡고 일을 해보려고 하니 집중이 잘 되지 않았다. 자세에 신경을 쓰느라 같은 글을 읽고, 또 읽어도 무슨 내용인지 머리에 잘 입력이 되지 않고, 한 문단을 쓰는데도 2배는 더 시간이 걸리는 것 같았다. 아마도 나는 평생 이런 몸뚱이로 살 것 같다는 불길한 미래가 그려졌다.

다시 운동을 하러 갔을 때 선생님께 심란한 마음을 토해냈다.

"일할 때 보니까 진짜 이상한 자세로 앉아있더라고

요. 목은 거북목이고, 왼쪽 팔만 팔걸이에 닿아있고, 오른쪽 갈비뼈는 옆으로 들려있고. 제대로 자세를 만들어보려고 하니 일이 안되더라고요. 운동하면 뭐해요. 종일 그러고 있는데. 저 그냥 계속 이렇게 살아야 하나 봐요."

"에이, 일할 때는 원래 자세 고치기 어려워요. 어떻게 일하면서 몸 신경을 계속 써요. 그래서 지금 이렇게 운동하는 거잖아요? 일할 때는 일 하고, 일 끝나면 운동하는 거죠. 운동이 효과적이려면 자기 몸을 일단 잘 알아야겠고요. 자기 몸에 필요한 움직임을 알아두고 계속 신경 쓰는 거죠."

자세를 고쳐서 몸을 바로 세운다는 것이 머리로는 좋은 생각인데, 현실에 적용이 안 되는 건 나 혼자가 아니었나 보다. 선생님은 일하면서 매번 자세를 신경 쓴다는 건 거의 불가능에 가까운 일이라며, 차라리 마음 편히 일하라고 격려해주셨다.

20회차가 지나자 날이 좀 따뜻해졌고, 선생님은 내게 달리기를 권했다. 처음에는 느리게 등산하는 것을 추천했는데, 조금 체력이 붙으면서 한번 뛰어보면 어떻겠냐고 제안을 해온 것이다. 그래도 약간은 나아지고 있다는 생각에 기뻤다. 하지만 기쁨도 잠시였다. 다음 날 푹신푹신한 운동화를 신고, 잘 안 입던 바람막이를 걸치고 비장하게 집을 나섰다. 홍제천까지 5분 정도를 달리고, 막상 홍제천에 가서는 조금 빠르게 걷다가 30분쯤 뒤에 돌아왔다. 돌아오는 길에 횡단보도에서부터 오른 허리가 심상치 않게 아파왔다.

역시나 골병이 들었다. 오른 허리, 오른쪽 목과 어깨가 만나는 지점, 오른 팔뚝까지 삐거덕거리지 않는 곳이 없었고, 바닥이 나를 빨아들이는 것처럼 자꾸 몸이 내려앉는 느낌이었다. 한 이틀 꼬박 골골거리다가 다시 치료를 받으러 갔다.

"오늘은 컨디션 어떠세요?"

"어떠냐고요! 선생님이 달리라고 해서 달렸다가 엊그제 죽는 줄 알았어요. 지금도 오른쪽은 안 아픈 데가 없다고요."

달리면 몸무게의 몇 배가 넘는 엄청난 부하가 실린다고 했다(그런 말을 왜 미리 안 해주시는지, 원). 말 그대로 몸에 강한 스트레스를 주는 게 러닝이라고. 달리기가 쉬운 것 같지만, 전혀 쉽지 않다고 했다. '운동의 정수'로 봐야 한다는 것이다. 초등학교 고학년이 되어도 제대로 뛰지 못하는 아이들이 생각보다 많다고 했다.

"운동의 정수라고요? 달리기가요? 와, 그럼 이 몸으로 지금 달리는데 잘 달려지면 그게 이상한 거네."

"그렇죠."

"음…. 그럼 이만하면 저 잘한 거네요!"

"앞으로도 계속 여기저기 조금 쑤실 수도 있는데, 그래도 포기하지 말고 조금씩 뛰어보는 거, 아주 좋아요."

민망하지만, 나는 좌절만큼이나 태세 전환도 빠른 편이다. 뛰는 건 원래 힘든 거고, 앞으로도 아프겠지만 조금 덜 아프면서 뛸 수 있는 날이 올 거라 생각하기로 했다. 중요한 건 어쨌든 5분이라도 천천히 달렸다는 거였다. 다음 주에는 6분 달리면 되겠지. 금세 기분이 좋아졌다. 아니, 기분이 좋아진 정도가 아니고 진심으로 기뻤다.

이제껏 나는 내 몸이 지금 이대로라면 솔직히 실패라고 생각했다. 하지만 몸은 세월이 지나며 점점 더 무너져 내릴 테고, 그대로 내버려둔다면 안 좋은 습관은 점차 강화될 것이다. 매일의 운동으로 지금의 몸을 유지할 수 있다면 그것도 성과였다. 지난 몇 개월간의 더디던 치료에도 이미 성과가 나고 있었다. 매시간 조금씩 풀리는 나사를 자주 조여준다면 벽에서 떨어지지는 않겠지. 다시 무너지더라도, 또다시 바로 세워놓고, 다시 돌아가면 또다시 반대로 돌려놓고를 무한히 반복하는 것이 내가 앞으로 해나갈 일이었다.

어쩌면 선생님은 내게 앞으로도 가는 길이 험하고 구불구불한데다 죽을 때까지 이어질 거라는 예언을 한 것이나 다름없다. 그 말이 축복과 저주 사이를 아슬아슬하게 넘나드는지도 모르지만, 나는 그 '초'현실적인 조언에 희망을 느꼈다.

마음가짐

*

뿌리내리면서 튀어 오르자!

남들이 다 좋다는 게 나는 싫을 때

"2, 3년은 더 다녀봐야 알지, 지금 무슨 창업을 한다고 그래."

고작 1년 일하고 창업한다니, 돌아오는 대답은 뻔했다. 그때가 벌써 6년 전이니 지금과는 분위기가 사뭇 달랐다. 퇴사는 지금도 힘들지만 그때는 더 힘들었고, 스타트업을 한다고 말하면 스타트업이 뭔지 묻는 사람들도 많았다.

나중에 명상을 가르치는 일을 하기로 했을 때도 돌아오는 반응은 비슷했다.

"네가 명상을 한다고? 웬 명상? 그거 이상한 거 아냐?"

모르는 번호로 전화가 몇 통이나 와 있었다. 엄마가 다니는 절의 스님이었다. 무슨 명상을 하는 거냐고 근심

어린 목소리로 물어보셨다. 아마도 엄마가 조금 걱정하는 눈치였다. 내가 명상을 나누는 사람으로 살고 있어도, 아직 가족이나 가까운 친구 중 아무도 명상하는 사람이 없다. 내가 중요하게 생각하는 것의 가치를 가까운 사람들이 알아보지 못한다는 것은 안타까운 일이지만, 그래도 어쩔 수 없는 노릇이다.

좋아하는 가게도 매니악했다. 숙소 예약 사이트에서 스태프 친절도(staff friendliness)만 보고 하루 8불짜리 숙소를 예약했을 때 같이 가는 친구가 경악하는 걸 보고 내 기준이 꽤 주관적이라는 걸 알았다. 나는 늘 정말 맛있는 식당보다는 나와 결이 잘 맞는 주인이 운영하는 식당을 더 자주 드나들었다. 지금도 많은 사람이 찾는 가게, 붐비는 가게가 내게도 좋을 거라고 기대하지는 않는다. 내 입에 맞고, 내 취향에 맞는 편안한 가게, 주인이 친절한 가게가 좋다.

지금이야 이렇게 담담히 써내려갈 수 있지만, 예전에는 나의 이런 '마이너함'이 일종의 콤플렉스였다. 다른 사람들에게 나의 선택을 일일이 설명하느라 바빴다. 나는 틀리지 않았다고 말하는 데 지칠 정도였다. 하지만 수학이나 물리 문제가 아니고서야 100퍼센트 틀린 답이 있나. 틀리다는 건 그저 많은 사람의 동의를 얻지 못하는 정답이 아닐까. 그런 의미에서라면 난 줄곧 틀린 답을 써내는 학생이었고, 남들이 좋아하는 것을 싫어하고, 남들이 싫어하는 것을 좋아한 죄로 나의 선택은 그다지 응원받지는 못했을 뿐이다.

다수가 수긍하지 않는 선택에 더 많은 고민과 불안이 따르는 것은 사실이다. 선택한 후에는 때때로 적당한 이유와 그럴듯한 설명이 필요한 것도 사실이다. 남들이 다 좋다는 게 나는 싫을 때, 반대로 남들이 다 싫다는 게 나는 좋을 때. 수없이 겪어봐도 여전히 곤란하다. 실은 다른 사람들의 의견에 나도 따라가고 싶을 때가 많다. 하지만 따라가고 싶어도 따라지지가 않는다. '나는 뭐가 문제지?' 생각해보게 되고, 스스로 어딘가 하자가 있는 사람이라는 생각이 들어서 자괴감에 빠지기도 한다. 그 순간의 마음만 두고 말하자면, 무척 불안하고 괴롭다. '이게 맞을까?'

잘 생각해보면 '대중'은 단 한 명도 없다. 모두 다 아주 사소하게라도 남들이 수긍하지 않는 선택을 하면서 산다. 모두 어떤 면에서는 틀린 답을 낸다. 다들 맛있다고 하는 순댓국밥집이 내 입맛에는 정말 맞지 않을 수도 있고, 아무도 좋아하지 않는 아이돌 그룹의 특정 멤버에게 빠져서 외로운 덕질을 할 수도 있다. 자꾸 이게 '맞는' 선택인지 의심하며 때로 움츠러들었지만, 시간이 지나 돌이켜보니 애초에 정답 같은 건 없었다.

내가 실제로 어떻게 느끼는지, 무엇을 원하는지에 힘을 실어주는 데에는 많은 용기가 필요하다. 나는 그런 용기가 없었다. 그래서 그렇게 자주 틀려보기를 참 잘했다는 생각이 든다. 남들이 다 좋다는 게 나는 싫었고 고민 끝에 내가 좋아하는 걸 택해버렸다. 그리고 뭔가가 깨졌다. 한번 깨지니 두 번째는 덜 어려웠다. 내가 원하는 것에 솔직해질수록 다음 선택을 내릴 때 필요한 만큼의 용기가 생겨났다. 그렇게 해도 괜찮다는 걸 미리 확인할 수 있는 쉬운 길은 없는 것 같다. 눈을 질끈 감고 과감하게 시도해보는 수밖에.

나라는 인간의 가치

새로운 일들이 몰린 한 주였다. 약간 긴장되어있거나 흥분되어있는 상태로 보냈다. 새로운 환경에 내던져졌을 때 적응하는 데 시간이 걸리는 성향이다 보니 불편함에 몸을 비비 꼬며 한 주를 보낸 건 어쩔 수 없는 일이었다. 그러니 그동안 억눌린 불안과 긴장이 소비로 터져 나온 것도 어쩔 수 없는 일이었다고 믿고 싶다. 한 달 동안 책정해둔 여윳돈을 일주일 만에 다 써버렸다.

영수증을 살펴보니 이번 주에는 자신을 괜찮은 인간이라고 다독이고 싶었나 보다. 충동적으로 선물을 많이 했다. 힘이 필요한 누군가에게 나의 지지와 돌봄을 표현하고, 그들로부터 사랑받고 싶었다. 그리고 회계, 경영 등에 도움이 될만한 몇 가지 구독 서비스를 결제했다. 결제만으로 좀 더 유능해진 듯한 느낌이 들어서 기분이 빠르게 좋아졌다.

    억울한 마음에 산 물건들의 가치를 곱씹다 보니 나라는 인간의 가치에 대한 생각이 들었다. 이번 주에는 나의 가치를 내 돈을 주고 산 것 같았다. 이 정도의 소비를 해야만 되찾을 수 있는 가치였다면 책정가가 꽤 내려가 있었던 모양이다. 음, 나의 가치는 대체 어떻게 결정되는 걸까? 내 가치를 돈으로 사도 좋은 걸까? 이런저런 생각들이 쏟아진다. 이내 멈춰 서게 한 질문은 이거였다. '뭘 가지지 못한다면 있는 그대로의 나는 가치가 없는 걸까?'

    얼마 뒤 길가에서 흔히 마주치던 아주 작은 하늘빛의 꽃에서 질문에 대한 힌트를 찾았다. 친구와 길을 걷는데, 작은 들꽃을 보고 친구가 '우와 예쁘다!' 연신 감탄했다. 자기 태몽은 작은 별들이 가슴에 한가득 쏟아지는 거였다고도 말했다. 오며 가며 매일 보던 들꽃이 그날부로 반가워졌다. '작은 별을 닮은 꽃, 어쩌면 그 친구를 닮은 꽃'만큼 의미 있는 것이 되어서다. '큰개불알꽃'이라는 정식 명칭을 발견하고서는 그 의미가 약간 퇴색됐지만(크지도 않고, 개의 불알 같지도 않은 꽃에 왜 이런 이름을 붙였을까). 어쨌든, 가치라는 건 관계 속에서만 발견되는 게 아닐까. 나에게는 네가 가치가 있고, 일을 하니까 내 일로 하여금 세상에 이런 가치가 있고, 매일 밥 주는 고양이가 있다면 고양이에게는 내가 밥 주는 사람만큼의 가치가 있을 것이다.

그렇다면 나와 나 사이에도 똑같이 적용할 수 있을 것 같다. 들꽃의 가치처럼, 나의 가치도 내가 직접 발견해야만 하는 게 아닐까? 깨끗이 몸을 정돈하고, 립밤을 바르는 것. 좀 더 나은 음식을 먹는 것. 누군가를 돌보는 것. 일을 하는 것. 내가 나를 어떻게 바라보느냐, 무엇을 멋지게 여기느냐에 따라서 살아가는 모습이 다를 뿐, 나를 괜찮은 사람으로 인식하고 싶은 토대는 달라지지 않는 것 같다. 대체로 나를 더 가치 있는 존재로 느끼기 위해 노력하는 하루하루가 이어진다.

내가 나를 어떻게 바라보는가가 정말로 중요하다면, 왜 내가 직접 정의하지 않을까? 왜 스스로 괜찮은 사람이라고 말해주지 않을까? 나의 커리어나 내가 다닌 학교, 나의 외모, 관계의 질 등이 모두 나의 가치에 영향을 주겠지만, 내가 무엇을 나의 가치로 받아들일 것인가 하는 것은 어느 정도 내 힘 아래 있다. 짝꿍은 멋진 사람 말고, 있는 그대로의 너를 가장 멋진 사람이라 느끼게 해주는 사람으로 고르라는 말이 있다. 그 말에 가장 힘이 실릴 때가 나와의 관계에서라고 믿는다.

문제와 씨름할 때는 문제가 없는 곳으로 가본다

이번 학기 내가 가장 좋아하는 수업인 마음챙김 세미나에서는 받아 적고 싶은 이야기가 넘쳐난다. 수업이 끝난 후 기억에 남은 김정호 교수님의 말씀을 적어두곤 했다.

"화장실에 곰팡이가 핍니다. 어떻게 합니까? 좋은 세제와 솔로 박박 닦지요. 다 닦아 놓으면 얼마나 좋습니까. 깨끗합니다. 기분이 아주 좋죠. 머지않아 곰팡이는 또 피게 되어 있습니다. 또 닦습니다. '생활○○○'브랜드에 더 좋은 세제가 나왔다고 하는데 어찌합니까. 사야죠. 새로운 희망을 품고 새로운 세제로 열심히 닦습니다. 어떻게 닦으면 좀 더 오래갈 수 있을까? 유튜브도 찾아볼 수 있습니다. 이것이 그동안 심리학에서 연구하던 접근 방식입니다. 문제와 씨름하는 것이죠. 곰팡이를 제거하는 다른 방법도 있습니다. 뭘까요? 화장실에 바람이 통하고 햇볕이 들어오면 됩니다. 간단하게는 방충망을 달아서 창문을 열어둘 수도 있고, 대대적으로 창문을 넓히는 공사를 할 수도 있겠죠. 이제는 더 나은 세제도, 솔도 필요 없습니다. 긍정심리적인 접근입니다."

한의학은 기능적인 접근을 하는 서양 의학과 달리 문제와 씨름하지 않고, 문제와 관계없는 것을 다루는데 오히려 그런 방법으로 곰팡이가 피지 않게 되는 거라는 이야기도 덧붙이셨다.

꼭 풀고 싶은, 혹은 해결해야만 하는 문제가 생기면 그때부터는 머리가 온통 그 문제로 가득 찬다. 이렇게도 생각해보고, 저렇게도 생각해보고. 퍼즐을 돌리면서 이리도 대어보고 저리도 대어보는 어린아이가 떠오른다. 계속 문제를 새로 정의해보고, 새로운 아이디어를 정리해보고, 많은 사람과 머리를 맞대어보는 것이 문제 해결로 나아가는 가장 효과적인 방법으로 느껴진다. 그러면 그때부터는 자면서도 생각하고, 변기에 앉아서도 생각하고, 걸어가면서도 생각한다.

그러다 이젠 정말 죽겠다 싶어서 요가원에 갔다. 오

늘은 쉬어야지, 하고 눈 꾹 감고 밀린 드라마를 봤다. 혼자서 가까운 산책로를 거닐다가 괜찮은 벤치에 앉아서 텀블러에 담아온 녹차를 마셨다. 문득 떠오르는 친구를 만나서 최근 빠져 있는 보드 게임과 요가에 대한 이야기를 나눴다. 그러고 나면 돌아오는 길에, 혹은 그 다음 날 아침 커튼을 걷으며 새로운 생각이 쏟아졌다. 활력이 생긴 만큼 마음도 한결 여유로워졌다.

문제와 씨름할 때는 문제가 없는 곳으로 가보기로 한다. 문제에 대한 해결책은 문제가 없는 곳에서 나를 기다리고 있다.

실패가 반복된다면

"나같이 유능한 인재를 왜 못 알아보는지 모르겠다니까!"

J를 만나면 듣게 되는 레퍼토리다. 어조는 농담인데 자세히 보면 진담이다. J는 일에서 자꾸 실패를 경험했다. 회사에서는 원하는 만큼 인정을 받지 못했고, 연봉도 늘 자신이 기대하는 것에 미치지 못했다. 나는 어느 날부터인가 팔짱을 끼고, 입을 꾹 닫은 채로 이야기를 듣게 되었다. 계속해서 시장에서 원하는 평가를 받지 못하는 데에는 자신 안에도 여러 이유가 있을 텐데, 자신을 돌아보지 않고 주변에서 문제를 찾을수록 그 문제를 푸는 열쇠가 멀어질 터였다. 자신의 역량이나 태도가 구직에 있어서 걸림돌이

되고 있다는 것은 받아들이기 너무 어려운 진실이었을까. 그 후로도 우리는 가끔 만났지만, 그는 회사에 들어갔을 때나 회사를 뛰쳐나와 구직을 하고 있을 때나 불만족스러워 보였다.

"왜 나랑 만나는 사람들은 그렇게 싸움을 좋아하는지 모르겠어. 싸움닭이야, 뭐야."

K와는 오래 알았다. K는 연인 관계에서 자꾸 어려움이 찾아왔다. 매번 만나는 사람들이 어느 순간부터 싸움을 거는 것처럼 느껴졌고, 마음을 열기가 두려워졌다고 했다. 그는 쉽게 양보하는 이타적인 사람, 흔들림 없이 견고한 느낌을 주는 평화주의자였지만, 어떤 문제가 있을 때 그 문제를 직면하고 해결하는 방식에는 무척 서툰 사람이기도 했다. 장점과 단점은 동전의 양면처럼 나란히 붙어있는 법이다. K는 문제가 생기면 없는 셈 치거나, 아예 그 관계를 끊고 떠나는 경우가 종종 있었다. 친구 관계라면 서툴더라도 어찌저찌 수습될 수 있지만, 연인 관계라면 다를 수 있겠다는 생각이 들었다. 매번 연애할 때마다 상대방이 싸움닭으로 돌변한다는 말은 다시 말하면 옆 사람이 칼자루를 쥘 수밖에 없게 만드는 부분이 있을 거라고 짐작해볼 수 있었다. 문제를 자꾸 피하는 사람 옆에서는 문제를 두

고 문제라고 말하는 쪽이 악역을 맡아야 할 테니.

　　나는 마음이 통하는 사람이 많지 않아서 마음이 잘 맞는 사람을 알게 되면 얼른 가까워지고 싶었다. 때로는 혼자서 기대하고, 가슴 아파하기를 반복하게 됐다. 서운해하다 보면 관계가 멀어졌다. 실패였다. 그들이 나를 서운하게 한 것이 아니라, 내가 그들에게 과도한 기대를 하고 있었다는 생각이 들었다. 내가 원하는 때에 원하는 방식으로 반응한다는 것은 불가능한 일이고, 내가 좋아하는 만큼 그 사람이 나를 좋아하지 않는 것도 어쩔 수 없는 일이었다. 조금 더 표현해줬으면, 그리고 그 표현이 친절하고 따뜻했으면 하는 바람은 아무리 내려놓고 싶어도 잘 내려놓아 지지 않았지만, 그게 나의 과도한 기대와 욕구에서 비롯됨을 받아들였을 때 관계를 파멸적으로 몰고 가지는 않게 되었다. 내가 원하는 것이니 그들에게 당연하게 요구하는 것이 아니라, 부탁해야 한다는 것도 그제야 알았다.

　　나도 모르게 어떤 종류의 실패가 되풀이되는 경우가 있다. 중요한 건 자신이 모르는 채로 계속 반복된다는 것이다. 문제가 반복될 때, 그때야말로 자기를 마주할 절호의 기회가 아닐까. 내가 어떤 부분에서 어려움을 겪고 있는지, 어떤 부분이 부족한지 살펴보고 내 몫을 인정해본다. 사실 내가 저 사람을 좋아하는 만큼 저 사람이 나를 좋아해 주지 않으면 좀 어떤가. 내 역량이 생각에 미치지 못한다면 어떤가. 내가 조급함 앞에서 한없이 흔들린다면 좀 어떤가. 내가 좀 직면하기를 두려워하면 어떤가. 당장은 받아들이기 버거운 진실일 수 있지만, 막상 받아들이고 나면 별것 아니다. 필요하다면 앞으로 다르게 해나가면 된다. 내 몫을 인정했기 때문에 이제는 달라질 수 있다. 자신을 너무 모르면 당장 자존심은 지킬 수 있을지 모른다. 하지만 현실을 직시하지 않은 결과는 반드시 내가 짊어져야 한다.

눈치 보고 삽시다

몇 년 전인가. 회사가 재정적으로 어려워져서 골머리 썩고 있던 차에, 사무실 근처 횡단보도 앞에서 다른 스타트업 대표를 만났다. 오랜만에 만난 그는 '오랜만이에요!'도 아니고, '웬일이야!'도 아니고, "저희 또 투자받았어요!"라고 말을 건네왔다. 그렇게 자기 투자받은 얘기만 한 1분 32초 정도 하더니 녹색 불이 되니까 '빠이요~' 하고 쌩 달려갔다. 좀 찌질하지만, 그날로 내 마음속 명부에서 잠정 제명된 것을 그는 알까. 이후로 크고 작은 회사를 운영하는 대표님들을 만나는 자리가 있으면 말이 튀어나오기 전에 한 번 살피게 됐다. 그 사람이 지금 무슨 상황일지 모른다는 생각이 들어서다. 미우나 고우나, 그 덕분에 나도 큰 교훈을 하나 얻었다. 눈치란 참 소중한 것이라는 교훈.

우리나라는 덜 잘 사는 사람이 더 잘 사는 사람 눈치는 봐도, 더 잘 사는 사람이 덜 잘 사는 사람의 눈치를 보는 일은 좀처럼 없는 것 같다. 지금 집으로 이사 오기 전에는 이태원 소월길에 살았다. 거긴 여러 문화와 계층이 부딪히는 무척 이질적인 동네였다. 건물 하나를 사이에 두고, 한쪽은 유명인 부부가 사는 것으로 알려진 초호화 단독주택이 있고, 반대쪽에는 무너질 듯 허름한 집들이 얼기설기 엉켜 있었다.

'뽁·뽁·뽁·뽁.'

두 거리를 나누는 인당 23만 원짜리 한우 오마카세 집 앞에서 허리 휜 할머니가 우두커니 앉아 이웃들이 버린 뽁뽁이를 온종일 터뜨리고 있는 것이 일상적 풍경이었다. 할머니들이 나란히 앉은 목욕탕 의자 앞으로 페라리며 벤틀리, 람보르기니 등 처음 보는 형형색색의 차들이 멈춰 섰다. 그 차에서 내리는 사람들은 마치 거기에 할머니들이 없는 것처럼, 어쩌면 아예 한쪽 동네가 없는 것처럼 행동했다. 불편함을 느끼지조차 않는 것 같았다. 그렇게 눈치를 보지 않을 수가 있나.

부잣집이 줄줄이 있는 골목을 지날 때는 내가 그들

'수준'에 맞지 않게 허름해 보일까 봐(실제로 경비 아저씨가 꺼지라고 한 적이 있어서 트라우마가 됐다), 빛이 하나도 들지 않는 허름한 집 사이를 지날 때는 내 존재만으로 불편을 줄까 봐 눈치가 보였다. 그래도 눈치를 본 덕분에 동네에서 배척받지 않고(?) 재밌게 살았다. 어디선가 감을 한 박스 받았는데 둘이 먹기엔 양이 너무 많아서 동네 할머니들과 나눠 먹기도 하고, 채소 장수 아저씨 트럭에서 만난 통장 아주머니가 고추는 사지 말라고 하시더니 그 다음 날 집 문고리에 재배한 고추를 걸어놓고 가셨다. 가게가 잘 되는지, 파리 날리는지 가장 먼저 알아채는 것도 동네 이웃들이라서 코로나가 기승일 때는 오며 가며 챙겨주시는 분들도 있었다. 좋든 싫든 같이 살고 있다는 걸 잊을 새가 없었다.

스칸디나비아에는 '얀테의 법칙'이라는 게 있다고 한다. 이 법칙은 들어본 사람, 못 들어본 사람은 있어도, 들어봤는데 기억 못 하는 사람은 없을 것이다.

1. 당신이 특별하다고 생각하지 마라.
2. 당신이 남들만큼 좋은 사람이라고 생각하지 마라.
3. 당신이 남들보다 똑똑하다고 생각하지 마라.

4. 당신이 남들보다 낫다고 생각하지 마라.
5. 당신이 남들보다 많이 안다고 생각하지 마라.
6. 당신이 남들보다 중요하다고 생각하지 마라.
7. 당신이 모든 일을 잘한다고 생각하지 마라.
8. 남들을 비웃지 마라.
9. 누군가 당신을 걱정하리라 생각하지 마라.
10. 남들에게 무엇이든 가르칠 수 있으리라 생각하지 마라.

자조적으로 쓰인다고는 하지만 얀테의 법칙이야말로 북유럽 정신의 정수라는 데에는 큰 이견이 없다고 한다. 이 정신이 지나쳐서 북유럽 사람들은 다른 사람에게 폐가 될까 봐 자신을 잘 드러내지 못하는 것이 도리어 문제가 될 정도라는데, 우리는 어쩌면 그 반대이려나. '남들보다 더 뛰어나게 하라'고 했지, '네가 특별하거나 더 낫다고 생각하지 말라'는 말은 들어본 적이 없다. 그런 의미에서 우리에겐 꽤 필요한 정신이 아닐까. 매일같이 많은 사람과 부대껴 살아가야 한다면 더더욱.

함께 살아간다는 것은 수없이 눈치 보는 일이 아닐까. 사실 '눈치'라는 말은 지구상에 한국에만 있다고 한다. 영어로는 때로 insight로도 번역하지만, insight는 통찰, 지혜 같은 느낌이 강해서 정확하게 전달하려면 구구절절 그 의미를 설명해야 한다. 그때는 '다른 사람의 생각과 감정을 순간적으로 살피는 기술'이라고 소개하는데, 외국인들이 이 표현을 들으면 꽤 신기해한다. 어쩌면 얀테의 법칙을 처음 들은 내 반응과 비슷할지도 모르겠다. 우리나라에 '눈치'라는 아주 특정한 표현이 만들어진 걸 보면, 원래는 우리 모두 '눈치'의 DNA가 자동탑재된 사람들일지도 모른다.

　나는 남의 눈치 안 보고 '마이웨이'하는 사람보다는 남들이 미워할까, 무시당했다고 느낄까 눈치 보는 소심한 사람과 친구 하고 싶다. 내 눈에는 그들이 훨씬 멋있어서다. 한 어르신 부부가 평생 모은 돈으로 집을 지으려고 건축가를 찾아가서 하나의 요청을 덧붙였다고 한다. "이 집이 주변의 다른 집들과 잘 어우러지게 해주세요." 더 나은 집, 더 화려하고 멋진 집이 아니라, 주변의 다른 집과 어우러지는 집을 지어달라는 요청이 너무 근사해서 언젠가는 꼭 따라 하고 싶다. 앞으로도 쭉 눈치를 보면서 소심하게 살자고 다짐한다.

시들어가는 개나리를 바라보는 마음

꽃꽂이를 사랑하게 되었다. 아무리 아름답게 꽂으려 애써도 자연이 꽂은 꽃만큼 아름답기는 어려웠지만, 꽃이 유리병에서 제자리를 찾을 때의 행복감은 그림을 그릴 때의 희열에 못지않았다. 꽃꽂이를 배우면서 계절마다 새로운 꽃을 만나고, 꽃의 가장 아름다운 부분을 찾고, 서로 다른 곡선과 색이 조화롭게 만나는 곳을 발견하는 재미를 알았다.

하루는 시든 꽃을 쓰레기통에 버리는 나 자신이 끔찍하게 느껴졌다. 한 번 싫어지고 나니 시든 꽃을 보는 것도, 치우는 것도 곤욕이어서 몇 번은 시들다 못해 썩기 직전이 되어서야 겨우 버렸고, 꽃이 시들기도 전에 쓰레기통에 버려도 봤다. 어차피 질 것을 굳이 또 들이는 것이 모두 부질 없는 짓 같아 한동안 꽃을 찾지 않았다. 각별한 취미였던 꽃꽂이도 완전히 그만두게 되었다.

그러다 오랜만에 꽃 한 송이를 선물 받았다. 깃털같이 얇은 꽃잎이 수없이 달린 연분홍빛의 작약이었다. 조금도 놓치고 싶지 않다는 조바심에 꽃이 피고 지는 것을 틈날 때마다 지켜봤다. 꽃잎이 조금씩 처지면서 아래로 살짝 일그러지는 모양, 누르스름하게 변해가는 색감이 더없이 멋스러웠다. 아직 피어나기 전부터 완전히 피어나 잎이 떨어질 때까지 그 시간 그 꽃에서만 찾을 수 있는 모습을 꼼꼼히 누렸다. 그리고 이별을 고했다. 아마도 이전의 끔찍한 기분은 사랑하는 것이 모두 변화한다는 데에서 오는 막연한 두려움이었던 것 같다고 생각했다.

지난주 시장에서 개나리를 발견해 집안 곳곳에 꽂아놓았다. 덕분에 집에는 일찍이 노란 봄이 왔다가 날이 따뜻해지면서 꽃이 지고 있었다. 바싹 마른 개나리꽃 네 송이가 바닥에 뒹구는 것을 애틋하게 지켜보다, 문득 옛 친구들이 떠올랐다. 얼마 전 우리 넷은 오랜만에 약속을 잡고 만났다. 우리는 오랜 친구답게 언제 만나도 어제 만난 것처럼 어색하지 않았지만, 지난 몇 년간 어떤 새로운 변화가 있었는지를 나누기에는 할 이야기가 많이 밀려있었다. 그날 우리는 추억 속의 몇몇 시시콜콜한 이야기를 나눴고, 돌아오는 길에 코끝이 시큰거렸다. 우리의 나무에도 넷 사이의 공통분모가 모두 떨어지고, 몇몇 추억이 가까스로 걸려있는 것만 같았다.

초등학교 4학년 때 갑자기 친해진 우리는 매일 학교를 마치면 양재역 버거킹 앞으로 펌프를 하러 갔다. 누구 머리에서 나온 생각이었는지, 장대비가 쏟아지는 날에도 분주하게 길을 나섰다. 아무도 우산이 없어 학교에서 나눠주는 신문을 머리 위에 받치고, 학교에서 몇 킬로미터 떨어진 양재역까지 걸었다. 넷 다 펌프에 그다지 재능이 없어서 몇 판 하지도 못했는데, 가진 돈이 똑 떨어졌다. 그렇게 집에 가기는 영 아쉬워서 비에 완전히 젖은 신발을 벗어 던지고 신바람이 나서는 펌프 위에서 춤을 췄다.

"베스트 프렌즈 포에버!"

매일매일 붙어 지내던 날들이었다. 우리는 20대가 되면 집을 구해서 같이 살자는 이야기를 나눴다. 어떤 집이 좋을까. 마루는 컸으면 좋겠고, 집은 복층이었으면 좋겠다고 하며 웃었다. 슬프게도 우리는 뿔뿔이 흩어졌다. 각기 다른 고등학교에 가게 되었고, 나중에는 공교롭게도 지구 반대편에서 대학을 다녔다. 10대까지는 늘 모든 처음을 나누던 우리가 30대가 되면서 더 이상 함께 할 처음이 별로 남지 않게 되었고, 그 사이에 원하는 삶의 모양도, 중요한 가치도, 좋아하는 취미마저도 천천히 달라진 것은 어쩌면 당연한 일이었다. 좋은 친구의 절대적 기준으로 남아있는 이 세 명과의 우정이 이전과 같을 수 없다는 걸 받아들이는 건 서글펐다.

이제는 시들어가는 개나리를 바라보는 마음으로 우리를 바라보고 싶어졌다. 시든 꽃을 대하는 마음이 조금 편안해진 것은 그때뿐인 순간을 놓치지 않고 음미한다면 그것으로 충분하다는 마음이 생겨난 덕분이었다. 서로가 있어서 빛나는 10대를 보낼 수 있었던 것, 그때의 추억이 선명하게 남아서 소중히 안고 살아갈 수 있어서 다행이다. 우리 넷이서만 알고 있는 서로의 꾸밈없는 모습들, 힘들 때나 즐거울 때나 곁을 지켰던 나날들은 우리의 관계가 변하는 만큼 더 소중한 게 아닐까 해서. 예전만큼 붙어 지내지 않더라도, 앞으로 우리 관계가 계속해서 달라지더라도 괜찮다. 개나리 덕분에 집에서 매일 봄을 누렸고, 개나리가 진 자리에는 연둣빛 어린잎들이 자라나고 있다.

내가 먼저 알아봐 주면 된다

올 초 일에 대학원이 더해질 때 얼마나 바빠질지 예상 못한 것에서 그쳤으면 좋았을 텐데. 덜컥 200시간 요가 지도자 과정까지 등록해버렸다. 주말에는 이틀 내내 8시간씩 트레이닝을 받고, 주중에 시간을 쪼개어 쓰려니 도저히 요가 수련을 갈 시간을 내기가 어려웠다. 막바지에 몰아치지 않으려면 한 주에 적어도 4시간 정도의 수련을 해야 하는데, 왔다 갔다 하는 데 2시간에 수련 시간 2시간을 합치면 4시간이라는 뭉텅이 시간이 두 번이나 필요했다.

폭풍 같은 한 주가 어찌저찌 지나가고, 주말에 다시 지도자 과정 수업을 들으러 갔는데, 수업하기 전에 선생님이 "수련을 꼭 나오셔야 합니다"라고 귀띔해주시곤 유유히 사라지셨다. 요가를 가르치는 사람이 되는 훈련을 받는데, 본인이 요가 수련을 하지 않으면 곤란한 건 당연한 일이었다. 나 말고도 수련에 나오지 못한 몇몇 수강생에게 비슷한 이야기를 전하시는 듯했다. 이를테면 '경고' 사인을 받은 것이다. 속상하지만, 어쩔 수 없는 일이었다.

집에 돌아와서 수련 일지를 쓰면서 선생님의 지적에 크게 마음이 흔들리지 않는다는 걸 알 수 있었다. 나 스스로 내 상황을 잘 알고 있어서였다. 요가 수련에 나가지 않은 것이 얼마나 내게 필요한 일이었는지, 그게 어째서 좋은 선택이었는지 내가 먼저 알아줬기 때문에 선생님의 말씀 속 정중한 의도만 받아들일 수 있었다. 먼저 알아주는 마음이 생기고 나니, 선생님께도 사정에 대해 양해를 구하고, 나의 의견을 전달할 수 있었다.

내가 나를 먼저 알아주는 것이 가장 어려울 때는 부모님과의 관계에서가 아닐까? 나는 늘 부모님이 딸로서가 아니라 한 사람의 인간으로 내가 어떤 사람인지를 알아봐주길 바라왔다. 부모님이 자식을 제일 모른다는 말은 흔한 말인데도, 나에겐 그 말을 이해하고 받아들이는데 참 오랜 시간이 필요했나 보다. 언제부턴가 부모님이 내가 진짜 어떤 사람인지 잘 모른다고 해도 어쩔 수 없다는 마음이 생겨났다. 나는 나를 드러내는 것에 소극적이고, 누군가의 별 뜻 없는 말에 상처를 잘 입기도 하지만, 때로는 남들에게 휘둘리지 않고 용감하게 결단하는 강인한 면도 있다. 무엇보다 그걸 내가 잘 알고 있다.

이것만큼은 알아주었으면 좋겠는 부분, 인정받고 싶은 것들이 있다. 그렇게 인정해주기를 간절히 바라게 되는 부분일수록 우선은 나의 입장을 내가 알아봐 주려고 노력한다. 다른 사람에게 인정을 구하려고 하는 것은 내가 먼저 알아봐 주는 것이 잘 안 되기 때문인 경우가 많다.

내가 나를 어떻게 보아주는가 하는 것이 진짜 중요한 문제다. 그건 내 손안에 있으니까. 내가 먼저 알아봐 주면 된다. '늘'이라고 이야기할 수는 없겠지만, 때로는 그걸로 충분하다.

힘든 시기에 쉬지 못하고 있다면

힘든 시기에 가장 필요한 건 대체 어떤 문제가 있는 건지, 문제 자체에 골몰하며 자책이나 비난을 덧대는 것이 아니다. 그 반대다. 힘든 시기일수록 무엇을 잘하고 있는 건지 돌아보는 여유, 약간의 격려와 따뜻한 온기가 필요하다.

    마음의 에너지가 차오르면 그제야 자기객관화가 일어난다. 아, 지금 내 현실은 이런 면도 있고 저런 면도 있구나. 나는 이렇게 살아가고 있었구나. 거기에서 해결책도 떠오른다. 이미 감정과 생각의 소용돌이에 빠져있는 상황에서 '객관적으로 이 상황을 보라고!' 해도 연료만 애꿎은 곳으로 죽죽 새나간다. 그래서 돌봄 없는 충고가 도움이 되지 않나 보다.

우리에게 적당한 충고를 해주는 이들은 많은데, 내 마음에 적극적인 힘을 실어 주는 사람은 곁에 없을 때가 많다. 그럴 때는 치유자를 기다리는 대신 스스로 이렇게 물어봐 주는 연습이 필요하지 않을까 한다. '분명 잘하고 있는 부분도 있어. 네가 지금 잘하고 있는 건 뭐야? 지금 제대로 해내고 있지만 알아차리지 못한 것은 무엇일까?'

이번 달도 어찌어찌 '왈이네'를 운영하고 있다. 피드백도 반영하고, 수업하고, 기획하고, 판매하고, 마케팅하고, 콘텐츠를 만들고. 꿋꿋이 내가 해야 할 일을 하고 있다. 그래, 쓰고 보면 없지 않다. 완벽하지는 않지만, 제대로 해나가고 있는 부분도 있다.

대단한 일을 해내는 것이 따로 있는 게 아니라, 지금 내 자리에서 해야 하는 일을 한 것이 대단한 게 아닐까? 굽히거나 도망가지 않고 그래도 여기에 있으니까. 워낙 어설퍼서 우당탕 떨어뜨리고, 자주 실책을 범하기도 하지만, 그래도 도망가지 않고 일상을 살아내고 있다면 그게 대단한 거라고 믿는다.

일상의 무게를 자꾸 잊고는 한다. 대단한 일을 해내는 어떤 시기가 따로 주어지는 건 아니지 않나. 자꾸 한 방이 있을 거라는 착각에 빠지지만, 지금 내가 보내는 한 시간이 쌓여서 하루가 되고, 이런 하루하루들이 한 달, 일 년이 된다. 그러니까 대단한 일을, 대단한 순간을 기다리지 말았으면 한다.

뿌리내리면서 튀어 오르자!

뿌리내리면서 튀어 오르기. Root and rebound.

요가 지도자 수업에서 입이 닳도록 들었던 말이다. 지도자로서 동작에 대한 자세한 큐를 줄 때 가슴에 새겨야 하는 메시지이기도 하다.

모순도 이런 모순이 있나. 뿌리를 내리는데, 어떻게 튀어 오를 수가 있는가 말이다. 도인이 아니고서야 뿌리내리면서 튀어 오르는 것을 동시에 할 수는 없다. 그러니까 중요한 건 요가를 할 때 두 가지 방향의 힘을 함께 '떠올릴' 수 있어야 한다는 거다.

학창 시절 체육 시간에 유연성 검사를 하듯, 반듯이 서서 상체와 팔을 바닥으로 부드럽게 내려가 보자. 요가에서는 이 자세를 '우따나사나'라고 부른다. 이 자세를 연습할 때 그저 땅으로 내려가는 힘만 사용할 것 같지만, 실제로는 복부를 끌어당기고, 무릎을 배꼽 쪽으로 들어 올리는 듯한 힘도 함께 사용해야 한다.

뿌리내리는 힘과 반듯이 세우는 힘, 두 가지 힘을 모두 안내받으면 각자 나에게 필요한 중간 지점을 스스로 찾아가게 된다. 나는 가만히 놔두면 한 곳에 심히 뿌리내리는 성향의 사람이라 대체로 튀어 오르는 힘을 찾으려고 애쓰고, 영은은 날아다니는 성향이라 뿌리내리는 힘을 연습해간다.

friendly reminder. 지금 잘 뿌리 내리고 있다면 튀어 오르는 힘을, 튀어 오르고 있다면 깊이 뿌리내리는 힘을 잘 기억하면서 균형을 찾아가길.

자연의 성장 곡선

얼마 전 글을 "더 구체적으로 썼으면 좋겠다. 더 개인화하면 재밌을 것 같다"는 피드백을 받았을 때 숨어 있는 걸 들켜버린 것 같았다. 이제는 더 숨을 곳이 없었다. 나는 가능한 내 얘기를 내 얘기가 아닌 것처럼 쓰고 싶었다. 글에 나를 드러내는 건 조금, 아니 많이 껄끄러우니까. 더 직접적이고 구체적으로 드러내려면 한참 더 용감해져야 하는데, 나에게는 그런 용기 따위 있지도 않았다. 솔직하고 부끄러운 이야기를 끄집어내 보려고 책상 앞에 진득이 앉아 펜을 돌려봐도 별수는 없어서 쓰다만 문단들이 조각조각 굴러다니고만 있었다. 구체적인 일화를 썼다가 자꾸 지운 것은 아마도 이 글에 담긴 나의 솔직한 이야기가 외면받는다면,

내가 외면받는 기분이 들 것 같아서였다.

글을 쓰지도, 그렇다고 아예 내려놓지도 못하는 나를 보고, 친구가 자연의 성장 곡선을 그려줬다.

"뚜벅뚜벅 앞으로 걸어가는 지언. 매일 조금씩 앞으로 나아가고 있는 네가 정말 멋져. 성장한다는 게 시간에 따라 차근히 올라가는 우상향 곡선일 거라 생각하지만 사실 자연의 성장 곡선은 둥지에서 몸을 날려 바닥으로 떨어지다가 세차게 다시 날갯짓을 통해 날아오르는 U자 모양처럼 생겼대. 가끔 지치고 때로는 내가 잘하고 있는 걸까 고민되는 날도 있겠지만 결국은 나아가고 있을 거야."

나는 것을 배우려면 어쨌든 둥지에서 떨어지긴 해야 한다. 둥지에서 떨어짐과 동시에 살기 위해서 어설프게 퍼덕일 것이다. 운이 좋으면 그렇게 날아오를 테고, 운이 나쁘면 몇 번 더 떨어져야 하겠지. 그런데 떨어지는 순간에는 그게 날기 위해서였다는 걸 자꾸 까먹는 것 같다. 그냥 뛰어내리는 게 미친 듯이 무섭기만 하다. 가능하면 기억해야 한다고 적어놓는다. 떨어지는 건 날기 위해서라는 걸 말이다. 어차피 둥지 안은 좁아서 이 안에서만 살 수는 없고, 안전한 둥지를 벗어나는 것은 누구에게나 두려운 일일 거다. 떨어지고 있다면, 두렵고 불안하다면, 어쩌면 제대로 가고 있는 것인지도 모른다. 내 안에는 짜낼 용기가 없어서 주변 사람들에게 자꾸 용기를 빌려다 쓴다. 자연의 성장곡선처럼 복리로 이자가 붙을까 봐 걱정이다.

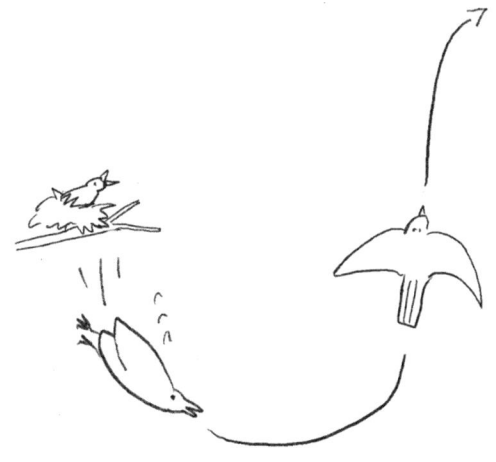

쉼

✴

but you're PERFECT!

오늘 안에 저 쿠크다스를 여기까지 옮겨야 해

아직도 몸에 밴 개미 습성을 못 벗은 것 같다. '오늘 안에 저 쿠크다스를 여기까지 옮겨야 해!'라고 정해두고 그 목표를 향해 성실하게 일하는 게 당연한 사람. 그걸 당연하게 생각한다고 해서 항상 성실할 수 있었던 건 물론 아니다. 단지 성실하지 못할 때 필요 이상으로 불행했다.

초등학교 다닐 때는 뇌가 말랑말랑할수록 선행학습 많이 해두라고 해서 엄마가 학원에 보냈고, 중학교 때는 외고가 붐이었던지라 단어장 좀 넘겼고, 고등학교에 가서는 대학 가야 하니까 무조건 열심히 해야 한다고 해서 그렇게 했다. 고등학교 시절은 다시 생각하고 싶지도 않다. 대학 가서는 그래도 먹고 살 수는 있을 것 같은 전공을 섞어서 공부했고, 졸업해서는 전공을 살려 갈 수 있는 회사 중 처우가 괜찮은 곳에 들어가기 위해서 1년 반 정도를 취준해서 회사에 들어갔다. 이제껏 뭔가를 계속해오긴 했는데, '그럼 이다음은 뭐지? 왜 부어도 부어도 차오르지 않지?' 의문스러웠다.

　　명상도 처음 배울 때에는 잘 쉬겠다는 목표를 달성하려고 시작했다. 그래, 마음의 평정? 필요하지. 지금부터 40분? 40분 동안 나는 제대로 평정함을 느껴볼 거야. 이 시간을 제대로 보낼 거야. 이런 식이었다. 우스웠다. 쉬러 와서는 그 시간 내내 쉼으로의 달리기를 하다니. 그런데 명상은 30분이 끝나길 바라며 지금을 참아내는 게 아니라는 거다. 지금 여기에 존재하는 게 명상이다. 질문이 또 쏟아졌다. 지금 여기에? 나는 항상 지금 여기에 있었는데? 내가 지금 여기에 있지 않았다면 대체 어디에 있었다는 거지? 계속 생각에 빠졌다.

　　내 주의가 어디를 향해 있는지를 살펴보는 건 처음이었다. 내 머릿속을 바라본다는 게 전혀 정적이지 않았다. 계속 생각에 정신을 뺏기고 있을 때 귀신같이 이런 가이드가 주어지는 것이다. '생각을 알아차린 다음에는 호흡의 감각으로 돌아가세요.' 콧구멍으로 들어가는 숨이 느껴졌다. 내쉴 때는 콧구멍 바로 뒤쪽에 따뜻한 바람이 누르는 느낌이 들었다. 코가 짧아졌다가 길어지는 느낌? 이 느낌이 너무 생소하고도 재밌어서 계속해서 집중하게 됐다. 한 번-두 번-세 번. 내 호흡에 집중하는 30초, 길어봐야 1분 남짓한 시간 동안 어딘가로 가야만 한다는 그 익숙한 느낌이 없었다. 아주 오랜만에 쉰다는 느낌을 받았다. 그 순간 명상에 꽂혔다.

그동안 나는 미래나 과거에 오래 살았던 것 같다. 어딘가로 가기 위해서 과거의 내 모습에서 문제를 찾거나, 거기에서 잘했던 것을 떠올려 곱씹어보고, 미래의 어딘가를 구체적으로 상상하며 투두리스트(To Do List)를 세웠다. 하지만 삶 전체가 어딘가로 가기 위한 전략일 수는 없다. 우리는 유한한데. 지금, 이 순간도 유한한데. 어디에 가기 위해서 계속 걷는, 목표 중심적 삶에 일시 정지 기능이 생겼다.

명상이 알려준 쉼은 '지금 여기'에 있었다. 지금이라는 게 있구나. 나는 지금 여기에 '존재'하고 있구나. 존재한다는 게 이런 걸까? 마치 아이가 된 것 같았다. 전에는 '이미 너는 온전해'라는 말이 공허하게만 들렸다. '긍정적으로 생각해봐'라고 말하는 것처럼. 그런데 그 순간이, 그리고 그 순간의 내가 이미 온전하다는 것이 천천히, 하지만 깊게 와 닿았다.

집에서 가만히 주변의 소리에 귀를 기울이면, 점점 내 숨소리가 들리기 시작한다. 머릿속의 시끄러운 생각은 볼륨이 스르르 내려간다. 내 속은 너무나 시끄럽지만 지금 이 순간으로 돌아오면 사실 내 숨소리가 들릴 만큼 고요하다. 내 숨소리를 마치 처음 들어본 것 같은 이유는, 내 속이 늘 시끄러웠기 때문일 것이다. 참 놀랍게도 매번 잊어버린다. 내가 붙들어보려고 애써도 모든 게 변화한다는 사실을. 매일 잎은 떨어지고, 강아지는 새로 태어나고, 누군가 죽기 때문에 붙들려고 해도 붙들 수 없는 지금이 너무 소중하다는 사실을.

넷플릭스는 나를 구원하지 못한다

〈브레이킹 배드〉 어디까지 봤어?
-시즌 1
(다음 날) 오늘은?
-시즌 2 거의 다 봐 가
(다다다음날) 다 봤어?
-응? 이제 〈그레이 아나토미〉 시작했는데.

중고등학생 때부터 주말이면 밀린 미드를 보는 게 나의 쉼이었고, 때로는 문제가 될 만큼 심각해지기도 했다. 누구의 간섭도 없던 유학생 시절, 플레이밍 핫 치토스로 세끼를 연명하며 〈브레이킹 배드〉와 〈그레이 아나토미〉, 〈매드맨〉을 이어 보다가 영양실조에 걸린 적도 있었으니까. 이 얘기는 평생 엄마에겐 비밀에 부쳐두는 것으로 해야겠다.

드라마로 자해하는 인간인 동시에, 넷.플.릭.스 빨간 글자와 함께 '두-둥!' 소리가 들리면 집에 온듯한 안정감을 느끼는 인간인 덕분에 넷플릭스에 아주 복잡한 감정을 갖게 됐다. 이 야무진 빨간색이 크리스마스 시즌의 예쁜 포장지처럼 사랑스럽기도, 피가 난무하는 장면 속에 갇힌 듯 숨 막히기도 하는 것이다.

지금은 폐인이 되도록 몰아 보는 대신 매일 조금씩 보고 있다. 그럼에도 넷플릭스가 자꾸 자기 존재감을 드러내는 시간이 있는데, 그건 바로 10시 반, 11시쯤 일을 마치고 나서다. 넷플릭스를 보지 않으면 오늘 하루를 제대로 마무리하지 못한 기분이 든다. 사랑니 뺀 것처럼 허전하고 섭섭한 기분.

처음 나의 가설은 이랬다. 넷플릭스를 보는 건 하루의 마지막에 주어지는 보상으로 기능하지 않을까. 이제는 보상이 사라져도 반복하게 되는 패턴이지! 덧붙이자면 오늘 하루 충족되지 못한 다정한 돌봄이나 효능감(?)을 넷플릭스의 콘텐츠 속에서 느낄 때가 있지 않을까 했다. 드라마에는 따뜻한 돌봄을 주는 사람도 많고, 말도 안 되게 유능한 사람들도 많으니까 드라마 안의 세계에 잠시 가서 내 욕구를 채우는 게 아닐까. 그런데 굳이 골라 보는 게 아동학대, 성폭력 등을 다룬 아주 우울하고 흡입력 있는 다큐멘터리나 살인자들을 인터뷰하는 드라마인 건 왜일까. 그 세계에 가고 싶지 않았고, 거기에서 느껴지는 감각 자체를 사랑하기는 어려웠다. 나는 무언가를 느끼기 위해서가 아니라 느껴야 할 것을 느끼지 않기 위해서 넷플릭스를 사용해왔던 게 아닐까.

밀린 숙제 같은 감정이 쏟아지는 밤이면 넷플릭스를 본다. 수업이 끝나고 나서 오늘 수업에 대한 회의가 밀려오고, 동료의 무거운 이야기가 가슴에 남고, 내일 해야 할 일들이 오늘이 다 가기도 전에 부담으로 다가올 때, 이 먹먹한 느낌과 같이 있고 싶지 않아서 무의식적으로 더 강한 감각을 찾아 나섰다. 내 시야를 완전히 장악하는 강한 감각과 영상 자체의 즐거움이 '나를 들여다봐 줘!'라고 내 마음이 보내는 중요한 신호를 무시하게 했다. 솔직히 말하자면 무시하고 싶었다. 마음을 마주하고 나를 적나라하게 보는 건 꽤 괴로운 일이고, 그 순간에는 무시하는 편이 단기적으로 더 편하니까.

넷플릭스를 보다 말고 현실의 나에게로 돌아왔을 때

마치 아무 생각 없이 담배를 피우다가 갑자기 담배의 리얼한 맛과 냄새가 느껴지는 것처럼 구역질이 났다. 살인자와의 대화가 장악하고 있는 내 마음은 수많은 감정으로 소용돌이치고 있었고, 무거운 눈꺼풀은 제발 화면 좀 끄라고 외쳐댔다. 만약 눈꺼풀과 나의 관계를 영화로 만든다면 〈노예 29년〉이 될 것 같은데, 내가 눈꺼풀을 질질 끌고 다니며, 가죽 채찍으로 때리는 장면이 다수 등장한다. '눈을 떠! 눈을 뜨라고! 지금 자면 안 돼!'

넷플릭스를 보며 주말 오후를 보내고 있을 때 종종 내 눈꺼풀의 무게를 더듬더듬 느껴본다. 눈알은 뻑뻑하고, 눈 주위와 미간, 이마의 근육이 뻣뻣하게 굳어 있을 때면 이제껏 스스로를 혹사시켰다는 생각에 미안해진다. 잠시 눈을 감고 눈 주위와 미간의 근육에 힘을 빼곤 한다. 한 30초나 될까, 그 틈을 비집고 눌러뒀던 감정이 슬며시 밀려온다. 아무리 넷플릭스로 도망가봤자 잠깐의 도피일 뿐 내 마음에서 벗어나지 못한다. 내일, 모레, 그다음 주까지 정리되지 않은 감정을 질질 끌고 가며, 충혈된 눈으로 하루를 시작하게 될 뿐이다. 부디 눈꺼풀과는 오래 좋은 친구로 남고 싶다. 앞으로도 정신 못 차리고 핸드폰 화면에 코를 박고 있을 때는 옆에서 따끔하게 한 마디 해주면 좋겠다.

스위치를 켜야 해

가끔 그런 시기가 온다. 집에 와서는 씻는 것조차도 귀찮을 때. 옷을 차려입는 게 귀찮고, 밥을 입에 넣고 씹는 일이 귀찮다. 화장은 말할 것도 없고, 선크림 바르기도 귀찮다. 매일 레깅스나 추리닝을 입다 보니 치마나, 청바지를 입는 일도 귀찮고. 순간순간의 피로감이 차곡차곡 쌓여서 짜증이 되고, 불만이 된다. 사람들을 대하는 태도도 뾰족해진다.

이런 시기를 돌아보면 삶에 온통 일밖에는 없었다. '너무 일을 많이 하다 보니 쉬지 못한다'기 보다, '쉬고 싶으면 쉬고 싶을수록 일을 (최소한 일 생각이라도) 더 많이 하게 된다'에 가까웠다. 일을 마치고 집에 와서도 계속 어떤 업무에는 뭐가 빠졌고, 이 전략은 이렇게 수정해야 하고, 하는 아이디어들이 쏟아졌다. 더 처리해야 할 일들이 떠오르니 일을 하지 않을 때도 마음이 바빴다. 전형적인 '쉬고 있는데 쉬지 못하는 상태'가 이어졌다.

안 그래도 부족한 에너지가 조금이라도 낭비되면 살아남을 수 없으니, 취미 생활도, 운동도 일단은 좀 끄고. 관계에도 에너지가 드니까 친구들 만나는 것도 조금 꺼두고. 요리도, 청소도 잠시 꺼두기로 했다. 유튜브나 넷플릭스, 핸드폰 게임 같은, 힘이 없어도 숨 쉬듯 낮은 에너지로 할 수 있는 활동만 남겨두었다.

꿈에서도 일하는 내가 겨울잠 자는 곰처럼 느껴졌다. '아니 이렇게 열심히 일하는데 무슨 겨울잠이냐!' 싶지만, 겨울잠을 자는 동물들이 생존에 필수적인 체온 유지와 호흡 외에는 아무것도 하지 않는 것처럼, 우리도 살기 위해 필수적인 것만 남겨두고 나머지는 모두 스위치를 꺼버리는 게 아닐까. 이렇게 바라보면 삶에 일만 남아 있다는 건 겉보기와는 다르게 생존모드에 있다는 뜻일 수도 있다. 무리하게 일을 해내고 있기 때문에 내가 지금 생존모드에 있다는 걸 알아차리고 인정하기가 더 힘들었다. 어쩌면 그래서 생존모드가 더 오래 이어지는지도 모른다.

일하는 나도 있지만, 책 읽는 나, 산책하는 나, 글 쓰는 나, 운동하는 나, 상상하는 나, 그냥 숨 쉬는 나도 있다. 여러 종류의 나를 만날 시간이 줄어들면 내 세상이 온통 일하는 나로 가득 찬다. 환기할 틈을 '힘이 없다'며 모두 꺼뒀으니 더 일에 매달리게 된다. 너무 힘들어서 생존에 필요한 '일' 딱 그것만 하고 있는데, 일만 하다 보니 더 일을 멈추기가 어렵다.

일 → 나를 돌보는 일에 소홀 → 불안 컨트롤 실패 → 더 일함 → 나를 돌보는 일에 소홀 → 불안 컨트롤 실패→ 더 일함 → 불안 속에서 일함 → 실패 가능성 높음 → 그럼에도 더 일함 → ….

내가 이 일을 안 하면 회사가 망할 것 같고, 사람들이 나를 원망할 것 같고, 이 치열한 구직 시장에서 도태될 것 같아도, '온갖 망상이 머릿속을 가득 채우는구나, 이게 불안의 사이클이구나' 하며 나를 다독였다.

곤궁한 생존모드 속에서도 일상은 계속된다. 편의점에 들러 음식물 쓰레기 봉투도 제때 사와야 하고, 수챗구멍에서 음식물을 빼내서 음식물 쓰레기 봉투에 담아야 하고, 머리도 감아야 하고, 심지어는 이불도 개켜야 했다. 전에는 이걸 어떻게 다 하고 살았을까? 밥솥을 열어 텅 빈 것을 보고서는 '나는 절대 못 해'라는 마음이 먼저 드는 것을 보고 정신을 차렸다. 아무렇지 않게 지속해나가는 일상생활에도 많은 에너지가 필요했다. 밥할 힘도 없기 때문에 힘을 내야 하는 거구나. 힘이 없어서 힘을 낼 수 없다는 말이 나를 생존모드에 가뒀구나.

지금 당장 온 힘을 다해서 일 외의 다른 스위치를 켜야 한다는, 굳센 결의가 필요했다. 힘이 없기 때문에 힘을 내야 한다. 나에게 힘이 되는 모든 활동에는 힘이 든다.

일 바깥에 지지대를 만든다

소월로에서 처음으로 명상 클래스를 열었을 때 등록한 사람은 단 1명이었다. 그러니까 일주일에 딱 하나의 수업을 준비하고 진행하는 것밖에는 일이 없었다. 아무리 꼼꼼하게 수업을 준비해도 시간이 남아돌았다. 그래서 수련을 아침에 두 시간 하고, 서너 시간 정도 명상에 대한 문헌을 읽고, 남은 시간에는 대본을 썼다. 그래도 시간이 남았다. 그러면 초조해지기 시작했다.

이래도 될까!? 이렇게 살아도 되나?! 하나라도 더 팔아야 하는 것 아닌가. 뭐라도 해야 하는데….

하나라도 더 팔려고 아등바등한다고 하나가 더 팔리는 건 아니었다. 그런데도 오로지 나의 만족을 위해서 무턱대고 많은 일을 벌였다. 모두 필요한 일이라고 믿으면서. 사실 그때 내가 할 거라곤 수련하는 것, 하나의 수업이라도 최선을 다해서 준비하는 것, 그리고 행복하게 잘 지내는 것뿐이었다. 얼마든지 평화롭게 지내도 좋을 시기였다.

 나의 자존감이 일로부터 아슬아슬하게 지탱되고 있었다. 일을 멈췄을 때는 자존감이 바닥으로 꺼졌고, 어떻게든 나의 가치를 느껴보려고 또다시 일을 벌였다. 계속 쉬어서는 안 된다는 압박감에 시달리는 건, 그만큼 쉴 때가 더 괴롭다는 뜻이기도 했다. 10시간, 11시간 일할 때보다도 쉴 때가 훨씬 고통스러웠는데, 그건 아마도 나라는 인간이 형편없는지에 대한 생각에 시달려서가 아닐까. 내가 얼마나 무가치한 존재인지를 곱씹다 보면 삶의 의미도, 재미도 순식간에 증발해버렸다.

 그래도 어쩌겠는가, 매일 새로운 24시간이 나에게 주어지는 것을. 쉽게 시작할 수 있는 건 살림이었다. 주방을 청소하고, 화장실을 치우고, 요리를 하는 것. 늘 뒷전에 밀려 중요하게 생각해보지 않았던 일. 동시에 한 사람으로서 존엄을 지키도록 하는 일 말이다. 살림은 인풋에 대한 아웃풋, 다시 말해 성과가 분명했다. 살림의 레벨이 올라간다는 것은 나라는 인간의 생활력을 업그레이드시키는 일이었고, 내가 내 손으로 삶의 질을 끌어올릴 수 있다는 건 자긍심을 높이는 일이기도 했다. 나를 지탱하는 지지대가 하나 늘었다.

그즈음 운 좋게도 일 밖에서 내가 좋아하고 날 좋아해주는 사람들이 생겼다. 좋아하는 요가를 꾸준히 하다 보니 요가 하는 사람들이 늘 곁에 있었다. 우리는 요가를 마치고 따뜻한 차를 마시거나, 건강한 수프를 함께 먹었다. 집 근처 꽃집에서 가끔 1~2만 원짜리 미니 다발을 사서 집에 들어오다 보니 플로리스트 언니와 마음을 나누는 사이가 되었다. 11시쯤 꽃집에 가서는 문 앞에 간단한 요깃거리 하나 놓고 돌아오는 날이 많아졌다. 일을 배제한 삶의 다른 영역에서 시작된 인간관계는 일하지 않는 나도 꽤 괜찮은 사람으로 느껴지게 했다. 그렇게 일할 때보다 일하지 않을 때 더 행복한 날들이 많아지고 있었다.

모두를 만족시킬 수는 없다

평소에는 같이 사는 영은이 강아지 자네를 90퍼센트 이상 돌보는데, 영은이 수영 대회에 나간다고 지방에 내려가는 바람에 이틀 동안 자네를 온전히 맡게 됐다.

 자네가 영특한 것인지, 내가 과하게 자네의 눈치를 보는 건지 몰라도 자네가 내게 달려와서 눈빛을 쏘거나 발톱으로 허벅지를 박박 긁으면 무슨 말을 하는지 모두 알 것 같다. 노란 이불을 질질 끌고 다닐 때는 터그 놀이를 하자는 거고, 안절부절못하면서 조를 때는 쉬 마려우니 나가자는 거다. 오후 6시쯤 와서 예쁘게 앉아있으면 밥 달라는 거고, 제 손을 자꾸 자기한테 가져가면 만지라는 거다. 만지는 것도 자기가 원하는 위치를 만지지 않으면 딱 신호를 보낸다.

    종일 나를 쫓아다니는 자네 비위를 맞춰 주려다 보니 한순간도 못 쉬고 있다는 느낌이 들었다. "못살게 굴지 마!"라는 말이 절로 튀어나왔다. 밥을 먹으면서도 발가락으로 꼼지락 꼼지락 쓰다듬어주느라 바쁘고, 잠시 밖에 자네를 풀어두고 설거지를 하면서도 계속 신경이 쓰여서 밖을 한 번 보고 그릇 하나 씻고 밖을 보고 컵 하나 씻고 했다. 설거지 시간이 유난히 길어졌다. 자네가 있으니 이건 못하겠고, 저것도 못하겠고, 하나둘 빼다 보니 하루는 아예 집에만 있었다.

    가만 보니 이게 강아지랑 있을 때만 해당하는 일이 아니었다. 강아지가 있을 때는 강아지 때문에 못 쉬겠고, 영은 언니가 있을 때는 영은 언니가 있어서 못 쉬겠고, 엄마랑 있을 때는 엄마랑 있어서 못 쉬겠고. 무의식적으로 함께인 사람이 원하는 것에 모든 촉수가 향해 있는 건 나뿐인가.

    사실은 이들이 나를 쉬지 못하게 하는 게 아니라 이들을 조금도 실망시킬 수 없다는 마음이 쉼을 막아섰다. 강아지가 원하는 걸 모두 충족시켜줄 수는 없다. 가족이나, 친구가 원하는 것도 모두 충족시켜줄 수는 없다. 많은 관계 속에 얽혀 살아가다 보니 때로는 우선순위가 모호해지는 상황도 생긴다. 사람마다 다른 상황에 처해있고, 성향도 다르니 무조건 나의 욕구에만 집중하라고 이야기할 수는 없겠지만 하나 확실한 건 언제나 상대의 욕구가 우선하는 선택을 내리는 건 위험한 일이라는 거다. 내 쉼을 포기하기를 넘어서 나를 지우는 일이기도 하니까.

잘 쉬기 위해서는 서운해하는 상대를 서운해하는 대로 내버려두겠다는 의지가 필요한 것 같다. 상대가 나에게 '나랑 놀자!'는 제안을 할 수 있다면 나도 '지금은 안 할래!'라고 깔끔하게 역제안할 수도 있어야 한다. 서운한 강아지를 서운하게 내버려두는 것은 나태함이 아니다. 그거야말로 나를 지키려는 부지런한 발버둥이다. 내가 바로 서 있을 때는 누가 나를 조금 흔들어도 (그게 설사 귀여운 강아지라 할지라도!) 쉽게 넘어지지 않는다.

무조건 행복해지는 모닝 시퀀스 1:
리조의 음악을 들으며 청소하기

청소는 일단 하고 나면 무조건 행복해진다. 그걸 알면서도 청소하기가 썩 내키지 않는 건 방 전체에 도전하기엔 엄두가 나지 않아서다. 그래서 방이라도 치우기로 했다. 버릴 것은 추려서 버리고, 오와 열을 맞춰 정리하고, 얼룩덜룩한 곳은 걸레로 슥슥 닦아줬다. 한껏 여유를 부리며 대충 먼지를 털고, 작은 청소기로 한 번 밀었다. 청소를 다 하고 나서는 청소한 곳을 한 발짝 떨어져서 바라보았다. 청소한 게 방바닥이 아니라 내 마음이었나 싶다.

청소하면서 귀가 좀 심심할 때는 리조의 〈Special〉을 틀었다. 리조는 정말 호탕한 가수다. 이젠 유명해져서 거물급 가수가 됐지만, 지금의 리조가 되기까지 참 긴 여정이 있었다고 한다. 원래는 플루트를 전공했었는데, 대중음악을 하고 싶은 꿈이 생겨서 2011년부터 활동을 해왔다. 2년마다 새로운 시도들을 했는데 계속 차트에 들지 못했고, 2017년에 발매한 〈Truth Hurts〉도 또 묻히나… 했다가 2019년이 되어서야 차트 역주행을 하고, 그렇게 지금의 리조가 있게 됐다. 심기일전한 2017년 싱글이 묻혔을 땐 정말 포기하고 싶었다고 한다.

계속해서 시도, 시도, 시도. 이렇게 계속해서 시도한 사람들에게는 반드시 자신을 대하는 독특한 방식이 있다. 그래야만 계속 시도할 수 있으니까. 이 노래 안에서 리조 내면의 대화를 엿볼 수 있어서 좋다. 나도 나에게 이렇게 말해주고 싶다. 특히 마지막 소절은 청소기를 붙들고 따라 부르는 게 제맛이다.

'오늘 아무도 말해주지 않았다면 말해줄게. 너는 특별해 아무도 너를 특별한 사람으로 대해주지 않았다면 내가 항상 말해줄게. 나는 너를 언제나 사랑할 거야 너는 특별해! 나는 네가 우리와 함께여서 좋아. 어딘가 망가졌지만, 너는 여전히 완벽해. Broken, Damn, but you're PERFECT!'

무조건 행복해지는 모닝 시퀀스 2:
굿모닝 야매 김밥

김밥을 좋아한다. 동네에 연희김밥이라고 김밥 맛집이 있는 걸 큰 복으로 여기고 있다. 연희김밥에서는 늘 단무지 뺀 연희김밥과 오징어 꼬마김밥 1줄을 시켜서 먹는다. 이 사실을 나도 알고, 영은도 알고, 김밥집 아주머니도 안다. 이렇게나 애용하는 연희김밥이지만 밖에서 사 먹는 김밥은 아무리 맛있는 김밥이어도 자주 먹으면 때때로 질리긴 하는 것 같다. 바깥 음식의 맛이 남아있달까.

우연하게 어남선 씨가 김밥을 만드는 영상을 보게 되었다. 거기서 맛있는 김밥의 비결은 당근이라는 말을 듣고, 그게 굉장히 인상 깊었는지 그날 꿈에 당근을 썰었다. 그 당근이 가득 든 김밥이 마음에 밟혀서 미루고 미루다 큰 맘 먹고 한번 해봤는데, 생각보다 할 만했다. 저녁에 재료를 준비해서 한번 먹고, 준비해놓은 속만 쏙쏙 넣어 한 줄 싸서 먹으면 아침 한 끼까지 뚝딱. 당근을 넣었다는 이유만으로 왠지 건강할 것만 같은, 정성스러운 것만 같은 아침밥을 자신에게 대접해보는 것으로 괜찮은 하루의 시작이 됐다.

100프로 달라지고 싶을 때일수록 딱 1프로만 달라지는 것을 목표로 하는 게 확실히 낫다. 새로운 루틴을 욱여넣지 않고, 원래 늘 하던 일을 평소보다 좀 더 정성스러운 방식으로 시도해보고 있다. 원래 아침 샤워는 내겐 꽤 의무적인 활동이었는데, 좋아하는 샌달우드 향의 바디 워시로 가능한 한 천천히 샤워를 해본다. 원래 아침밥을 먹으니까 어차피 먹는 밥, 사료 먹듯 하지 않고 조금 더 손이 가는 음식을 조금 더 천천히 먹어본다. 무조건 행복해지는 시퀀스는 아주 평범한 나의 시퀀스에서 딱 1프로 더 정성스러운 모습을 하고 있지 않을까 싶다.

✲

야매 토끼 김밥 만드는 법
2인 기준 약 1.5끼 분량
준비물

김밥 햄 말고 스팸 작은 것 한 통

당근 1개

달걀 5개

김

찬밥

참기름

맛소금 (어쩌면 이 메뉴의 주인공)

1. 당근을 잘 손질해서 채를 썬다.
2. 기름을 넉넉히 두르고 당근을 볶는다. 당근에서 나온 물이 사라질 때쯤 맛소금으로 간간히 간을 한다.
3. 당근 기름에 달걀을 풀어 굽는다. 소금간을 살짝 해준다.
4. 남은 기름에 스팸도 마저 구워준다.
5. 밥에 참기름 한 바퀴, 맛소금을 적당히 넣어 조물조물 섞어준다.
6. 김에 밥, 당근, 달걀, 햄을 넣고 능력껏 말아준다.
7. 썰어서 맛있게 먹는다!
   (정확한 김밥 레시피는 어남선 씨 유튜브를 참고하길 권합니다.)

가끔은 이기주의자가 되어도 괜찮아

강릉에 동료들과 여행을 가기로 했는데, 보름쯤 앞두고 못 가겠다고 말해버렸다. 기대하고 있었던 동료들에게는 미안하지만, 무엇보다 혼자 생각을 정리하는 것이 절실한 시기였다. 억지로 나를 끌고 가면 돌아와서 맞을 후폭풍이 거셀 게 분명했다.

아끼는 사람들과 좋은 시간을 보내는 것만큼 즐거운 일이 또 있을까. 나는 회사 동료들과 보내는 시간을 사랑한다. 그런데 약속이 취소되는 기쁨은 왜 달콤한 것인가. 혼란스럽다. 이 두 가지 기쁨이 서로 부딪히는 것만 같아서 약속이 깨지고 행복해하는 내가 좀 의아했다.

사실 약속이 취소되는 데에서 오는 기쁨은 그 사람에

대한 것이 아니라 나에 대한 것이다. 싫은 사람을 만나지 않아도 돼서 느껴지는 안도감과는 다르다. 싫은 사람과는 애초에 만날 약속을 잡지 않는 것이 상책 아닌가. 맑은 바다와 깊은 대화가 아무리 뜻깊다 해도 당장 나에게 필요한 건 생각 정리와 몸의 휴식이었다. 그들과 만나고 싶은 마음과 혼자서 생각 정리를 하고 싶은 마음은 당연히 공존할 수 있다. 다만 한쪽이 조금 더 컸을 뿐.

혼자 집에서 아무 일 없이 가만히 있을 때 어떤 날은 천국 같고, 어떤 날은 지옥 같은 것도 마찬가지 같다. 똑같은 상황에 놓여있어도 내가 원하는 것이 달라서다. 나는 나가서 놀고 싶은데 집에 있는 날은 지옥이고, 혼자 사색하면서 조용한 시간을 보내고 싶은데 마침 집에 혼자 있다면 천국이다. 내가 지금 처한 상황 그 자체가 중요한 게 아니라, 내가 무엇을 바라고 있는지가 더 중요하다. 내가 바라는 게 무엇인지에 따라서 지금이 천국이 될 수도 지옥이 될 수도 있으니까.

요리를 하든 글을 쓰든 혼자서 생각을 정리하든 지금 내가 원하는 것이 있었는데, 그것을 할 수 있는 시간이 예기치 않게 생긴다면? 기대하지 않은 큰 선물을 받은 기분이 든다. 사실 원하는 게 달리 있는 날에는 무척 좋아하는 사람을 만나도 마음 뒤편에 밀린 빨래가 쌓여있는 것처럼 찝찝할 때도 있다. 어쩌면 그런 마음으로 약속 장소에 나가는 건 상대방에게도 예의가 아닐 것 같다.

나는 약속에 있어서 이기적인 태도를 취하는 편이다. 약속을 취소하는 데에도, 취소당하는 데에도 큰 거부감이 없어서 주변 사람들을 속상하게 하는 것 같아 미안해진다. 하지만 나를 너무 오해하지는 말았으면 좋겠다. 상대방도 지금 꼭 필요로 하는 다른 일이 있는데 나와의 약속을 최우선시하길 바라지는 않는다. 서로를 위해서 가끔은 이기주의자가 되어도 괜찮지 않을까? 어째 점점 변명이 되어가는 것 같지만 말이다.

할까 말까 할 때는 하는 게 좋다

집 현관문을 나가면서부터 생길 수 있는 온갖 일들을 상상한다. 눈길인데 차가 막히면 어쩌나. 커피집에 주차할 곳이 또 없으면 어쩌나. 괜히 나갔다가 너무 추워서 고생하면 어쩌나. 집에 카드 배달하는 아저씨가 왔다가 돌아가면 어쩌나. 집에도 커피가 있는데 굳이 나가서 돈을 주고 사 먹을 필요가 있을까. 비싼 커피 사 먹었는데 맛없으면 어쩌나. 내가 내 손으로 지옥을 만들었다. 그러다가 걱정하던 일이 하나라도 벌어지면 더 자주, 더 깊게 지옥을 만든다.

안 좋은 일을 피하고 싶다는 바람에만 집중하다 보면 결국에는 아무것도 하지 않는 것을 선택하게 됐다. 아무것도 하지 않는다면 내가 싫어하는 일이 벌어지지 않을 확률이 엄청나게 올라가니까. 문제는 동시에 좋은 일이 일어나지 않을 확률도 똑같이 높아지는 것이다.

물론 아무것도 하지 않을 때라고 해도 정말 아무것도 하지 않는 것은 아니다. 해야만 하는 일은 한다. 회사는 먹고 살려면 가야만 하니까 간다. 밥도 먹어야만 하니 최소한으로 먹는다. 강아지 산책도 시켜야 하니까 나간다. 이렇게 해야만 해서 하는 일들은 사실 내가 하는 게 아니라 남이 하는 거다. 회사에서는 회사의 일원이 하는 것이고, 밥은 내 몸이 먹는 것이고, 산책은 강아지 주인이 하는 것이다. 어떤 의미에서는 진짜 내가 하는 것은 아무것도 없는 것이나 다름없다.

안 할 때마다 대는 핑계는 다음과 같다. 힘들면 힘들다고 말하고 조금쯤은 기대도 되는데 괜히 거절할까 봐, 혹은 빚진 듯한 느낌이 싫어서 부탁도, 연락도 안 한다. 나를 위해서 근사한 밥 한 끼 먹고 호캉스도 떠나며 누리고 싶지만, '굳이?'라는 생각이 들어서 안 간다. 요리도, 운동도, 이어가던 모임들도 점점 귀찮아져서 안 한다. 이런 상태(state)가 이어지면 특성(trait)이 된다. '모든 게 귀찮은 시기를 보내고 있다'에서 그치지 않고, 소위 '수동적인 사람'이라는 정체성을 갖게 된다.

이쯤 되면 나만 이런가 싶고, 내가 못나서인가 싶지만, 얻을 것에 대해 무감각해지는 것은 원인이라기보다는 결과에 가까웠다. 좋은 경험과 자극에 왜 무감각해졌을까. 더 나은 것을 꿈꾸고 싶지 않을 사람이 어디 있을까. 나쁜 일만 피해도 다행이라고 느낄 만큼 원했던 것이 어그러지는 경험이 근래 차곡차곡 쌓이고 있었다. 이럴 때일수록 뭔가를 안 하기보다는 해야 한다. 안 하던 것들을 하나둘 하다 보면 어느새 새로운 일에 열려있는 활기찬 사람이 나의 정체성이 된다. 해서 생길 수 있는 좋은 일들을 자꾸 떠올리고, 실제로 하면서 예기치 못한 즐거운 일이 생겼을 때는 두 번 세 번 곱씹어본다. 역시 할까 말까 할 때는 하는 게 좋다.

모든 일에는 목적이 있다

TV 프로그램에서 오은영 박사님이 헤매고 있는 초보 엄마에게 육아의 목적을 물어봤다. 육아의 목적이라… 한 번도 생각해보지 않은 질문에 머리가 하얘졌다.

"육아의 목적은 자립이에요."

무릎을 탁 쳤다. 모든 일에 목적이 있다. 이 세상의 부모님이 아이를 대할 때 '이 아이가 건강하게 자립할 수 있도록 하는 게 육아의 목적이야!'라는 걸 기억할 수 있다면 참 좋을 텐데. 내가 아이에게 요구하는 것이 '자립을 돕는 방향인가?'라는 질문 하나만 잘 붙들고 있어도 적잖은 도움이 될 것 같다.

일에서도 마찬가지다. 팀장님한테 고객을 대상으로

전화 인터뷰를 하라는 업무 지시를 받았다고 가정해보자. 인터뷰를 하라는데 왜 하는지 알려주지 않는다면 굉장히 막막할 것 같다. 목적 파악 없이는 실질적인 성과에 아무 짝에도 도움이 되지 않는 일을 하게 될 확률이 높다. 인터뷰의 목적이 '더 이상 가게에 오지 않는 원인을 찾는다'인지 '추천을 하도록 하는 방법을 찾는다'인지에 따라서 고객에게 물어봐야 하는 내용부터 아예 달라질 것이다.

정해진 기준점이 없을 때는 고민의 과정이 한없이 복잡하지만, 정확한 기준점이 있으면 선택이 쉬워진다. 이렇게 생각하면 이게 맞는 것 같고, 저렇게 생각하면 또 저게 맞는 것 같은 애매한 상황을 떠올려보면 더 그렇다. 그때는 '목적을 이루는 데 이 선택지가 도움이 되나?' 하고 물어보면 수월해진다. 목적이 기준점이 되어줘서다. 거기에 '도움이 된다면 얼마나 도움이 되지?'라는 질문을 이어서 던지면, 그 목적을 달성하기 위해 이 방법이 가장 효과적인지도 좀 더 수월하게 가늠할 수 있다. 언제든 내가 지금 하고 있는 일 본연의 목적을 상기하는 것은 참 좋은 습관 같다. 근데, 쉬는 건? 쉬는 건 다를까?

회사에서 '쉬고 싶다, 쉬고 싶다, 쉬고 싶다' 주문을 외우면서도 쉼의 목적에 대해서는 별로 고민해보지 않았던 것 같다. 왜 쉬어야 하지? 쉼의 목적은 뭘까? 목적만 분명하다면 잘 쉴 수 있지 않을까. 느긋하게 커피 한잔 하다가도, 잠시 나와 걷다가도, 일하다 잠시 유튜브를 보면서도, 중간중간 쉬어서는 안 된다는 마음이 끼어들었다. 그때마다 쉼의 목적에 대해서 고민했다. 오늘 아침에 10킬로미터 이상을 걸었고, 내일은 한주가 시작되는 날인데 마침 일찍부터 명상 수업이 있다면, 원활한 한 주의 시작을 위해서 오늘은 쉬어주는 게 좋지 않을까 생각하게 된다. 어떤 날에는 같은 말도 자꾸 날카롭게 들리길래 이러다 싸우기 전에 관계를 위해 쉬어야겠다는 생각이 들기도 했다. 쉼의 목적을 분명히 하면 잘 쉴 수 있다.

흔들림 없는 쉼의 목적을 찾은 건 목이 아파 일을 잠시 쉬게 된 이후였다. 우연히 본 드라마 〈미생〉에 한 대사가 내 가슴을 후벼 팠다.

"체력이 약하면 빨리 편안함을 찾게 되고, 그러면 인내심이 떨어지고 또 그 피로감을 견디지 못하면 승부 따위는 상관없는 지경에 이르지. 정신력은 체력의 보호 없이는 구호밖에 안 돼."

내 체력이야말로 앞으로 즐겁게 해나가고 싶은 모든 일에 위험 요인이 되고 있다는 것을 받아들였다. 건강해지기 위해서 쉬기로 했다. 그것만큼 분명한 목적이 있을까. 당장 성과를 향해 달려나가고 싶은 욕구도, 새로운 일들을 벌이고 싶은 욕구도 모두 충족되기 위해서는 일단 잘 쉬고자 하는 욕구가 최우선시되어야 했다. 그때부터는 의사결정이 단순해졌다. '체력을 키우는 데 도움이 되나?' 도움이 되는 일엔 yes, 아니면 no였다. 더 이상 왜 나는 쉬지 못하는지에 대한 고민이 도돌이표처럼 돌고 돌지 않고, 분명한 목적을 향해 노력이 차곡차곡 모였다.

쉼의 장면 다시 보기

좋은 휴식이란 자신이 원하는 것이 무엇인지 성찰하고 나를 보살피는 시간을 말하는 건 아닐까. 예를 들어 혼자만의 시공간이 필요한 때 침대에 가만히 누워 음악을 듣는다든지, 그런 경우 그 사람은 지금 자신에게 가장 필요한 것을 건네는 것이라고 할 수 있다.

쉼은 저마다 기능도, 매력도 다르다. 그냥 지나쳐 왔던 쉼의 장면들을 소중히 모으고 흙을 탈탈 털어 주머니에 잘 간직할 수 있었으면 좋겠다.

※

다시 보는 쉼의 장면들

#1 소파에 편안하게 누워서 새로 데려온 식물 '덩-그러니'의 흔들림을 지켜보는 밤

새 식구가 생겼다. 눅눅하고 컴컴한 날 아끼는 꽃집에 놀러 갔다가 창가 명당자리에 새로 놓인 아이가 눈에 띄었다. 신나게 수다 떨다 집에 돌아오는데, 선풍기 바람에 산들산들 흔들리는 모습이 아른거렸다. 작은 야자수 같기도 하고, 모빌 같기도 하고, 대롱대롱 걸린 공룡 뼈 같기도 하고, 바짝 펼쳐진 모습이 예쁜 고사리 같기도 했다. 궂은 날에도 연연하지 않고 흔들리는 모습이 내내 인상에 남았는데, 그건 아마도 이기적인 이유 때문이었던 것 같다. 나의 궂은 날에도 씩씩하게 곁을 지켜줄 것 같은 느낌이 들어서다.

"선생님 안 되겠어요. 얘는 제가 데려가야겠어요!" 외쳐버렸다. 화분을 낑낑 이고 집에 오면서도 '빨리 가야지!'보다는 '안전하게, 조심히 데리고 가야지!'라는 생각이 들었다. 처음은 이랬는데, 하루 이틀 만에 새로운 면모들을 보여줬다. 물을 주려고 잡았는데 표면에 가시가 가득한 거다. 게다가 살짝만 만져도 미모사처럼 오그라들었다. 뭘 그렇게 지키려고 하는지, 자신의 영역을 침범받는 게 아주 싫은가보다. 그런데 또 혼자 내버려두면 흔들흔들. 볕을 좋아한다고 해서 낮에는 창가에 옮겨두었다. 거기서도 또

다시 흔들흔들.

- 감정: 충분함, 만족감, 약간의 우울감
- 시간: 3분

#2 쉬는 법을 모르는 쉼 거지들을 만나 우리 이런 것도 해보자, 30분 만에 새로운 판을 벌이면서 시시덕거리는 오후

새로운 친구들이 생겼다. 쉼에 이렇게나 관심이 있는 걸 보니까 아무래도 우리 모두 쉼 거지들 같다. 아직 서로 충분히 알지 못하는데도, 그들이 주는 바이브 덕분일까. 편안했다. 누구도 '나'를 과시하거나 자그마하게 숙일 필요 없이 있는 그대로 존중해주는 게 느껴졌다. '너는 지금 이렇게 살아가고 있는 것 같고 나는 이런 의미가 있다고 생각해.' 의미를 찾아주는, 따뜻한 자리였다.

- 감정: 천진난만 즐거움, 활기
- 시간: 2시간

#3 너무나 사랑해 마지않는 요가의 모든 순간

요가를 하면서 명상에서는 펼쳐보지 못했던 다른 챕터의 쉼을 알게 됐다. 요가는 명상보다 우리 몸을 활용해서 말초적으로 쉼에 접근해간다고 느껴서다. 쉼이라는 게 몸의 일이구나, 비로소 알게 됐달까. 내 머리가 쉬고 있다고 생각해도, 이 시간이 너무나 만족스러워도, 내 몸이 쉬고 있지 못하다면 그게 쉼일 수 있을까? 우리 몸의 복합적인 작용으로 쉼이 완성되는 거라는 생각이 든다. 요가는 일련의 움직임 속에서 흐름을 만들면서 깊은 이완을 끌어내도록 시퀀스가 구성되어있다. 마치 마법처럼.

- 감정: 효능감, 강인함, 평화로움
- 시간: 1시간

#4 불안과 조급함 속에 있을 때 눈을 감고 숨을 쉬며 오가는 생각들을 가만히 관찰한, 일과 일 사이의 시간

이번 주는 사람을 만날 일이 많은데 쳐내야 할 업무량도 많아서 조급하기도 했고, 앞으로 생길 변화가 두렵기도 했다. 마음이 급하면 쉼 없이 일단 계속 뛰어야 한다고 몰아세우는 습관이 있는데, 이번 주에는 생각을 구경하기 위해서 단호하게 눈을 감고 명상했다. 달리는 것이 가장 필요할 때 멈춰 서준 나에게 고마웠다. 그 시간 덕분에 생각에 휘둘리지 않고 할 수 있는 일에 집중할 수 있었으니까.

- 감정: 안정감, 안도감, '아, 다행이다.'

- 시간: 5~20분

#5 좋아하는 주제의 책을 읽을 때
이번 주에는 아주 귀여운 선물이었던 『사물에게 배웁니다』, 지극히 현실적인 이유로 읽게 된 『OKR』을 같이 읽고 있다. 보통 책을 서너 권씩 돌려가며 읽는데, 이번에는 읽는 책의 장단점이 모두 다르다 보니 책을 대하는 마음의 태도를 관찰하는 재미가 있었다. 책은 저자와의 느긋한 대화처럼 느껴질 때가 많은데, 내용도 내용이지만 이 사람이 어떤 목소리와 태도로 이야기하느냐에 따라서 어려운 주제여도 아주 편안하게 읽히는 책이 있는 것 같다. 펼쳐 드는 책마다 다른 쉼이 놓여있다.
- 감정: 귀여움, 다정스러움, 숨 가쁨, 미리 느끼는 성취감, 똑똑해지고 있다는 '느낌적' 느낌
- 시간: 1시간

※

다큐멘터리는 현실의 장면들로만 구성되지 않는다. 영상 전체를 아우르는 적절한 내레이션이 장면마다 의미를 부여해주며 전체 스토리를 연결한다. 쉼에도 내레이션이 필요하다. '아무것도 안 하고 있는 것 같았던 그 시간에

도 내 삶을, 나를 그 어느 때보다 진지하게 돌보고 있었구나' 조용하게 읊조릴 때 쉼의 한 장면이 완성된다.

내 몸이 잘 쉬도록 도와주기 위한 체크리스트

몸과 마음은 하나니까!

 해가 진 이후에는 가능한 한 눈에 형광등 빛을 쬐지 말자. 형광등은 몸에 혼란을 준다. 방 조명을 주황빛으로 모두 바꿔두면 도움이 된다. 우리 하드웨어는 선사시대 인간의 하드웨어와 별반 다르지 않아서 형광등인지 태양인지 구분을 못 한다.

 한국인 대부분은 비타민D 결핍이다. 일부러 팔이나 다리를 내놓고(등이면 더 좋다) 10~20분가량 햇볕을 쬐는 시간을 만들자. 비타민 D를 섭취하고 있다고 해서 뱀파이어 뺨치는 생활을 이어가지는 말자. 볕을 쬐는 것은 단순히 비타민 D만 채워주는 것이 아니다. 생체시계를 바로 잡아준다. 볕을 충분히 쬔 이후로 잠드는 일이 수월해졌다. 직장인이라면 점심시간을 활용하자. 햇볕을 쬐는 시간을 일정하게 확보해두면, 그 시간을 밖에서 눈을 감고 명상하는 시간으로 활용하면서 두 가지 좋은 습관을 동시에 만들 수도 있다. 이때는 바디스캔 명상을 추천한다.

자기 전 2시간 정도 쿨다운 타임이 필요하다. 천천히 이완의 그래프로 들어설 수 있게 잠들기 전 2시간에는 알람을 맞춰둔다. 11시 안팎으로 침대에 눕는 것이 가장 좋다고 한다.

쉬는 것도 체력이 필요하다. 체력을 키우려고 하면 단순히 '운동하자!'고 마음먹기 쉬운데, 체력 키우는 데 도움이 되는 적절한 운동을 하는 것이 중요하다고 한다. 체력을 키우기 위해서는 땀을 내는 유산소 운동이 필요하다. 웨이트 트레이닝만으로 체력이 좋아지기는 쉽지 않다.

체력이 약해진 상태에서는 남들이 그리 힘들지 않게 따라 하는 운동도 입에서 쇠 맛이 날 정도로 힘겹게 느껴질 수 있는데, 그것보다는 숨이 살짝 가빠져서 말하기 조금 버거운 정도가 초보자가 체력을 키우기에는 더 적당한 운동 강도라고 한다. 30대를 기준으로 심박수 110~140 정도에 맞춰 운동 강도를 조정해야 한다는 것이 포인트! 그 정도로 최소 30분 이상, 일주일에 5회(한 주에 150분) 운동하자. 만약 위의 운동 강도가 와 닿지 않으면 스마트워치도 도움이 된다. 스마트워치에는 심장 박동에 따른 구간이 표시되는데, 거기에서 노란색 구간이 적당하다. 초심자들이 무리하게 빨간색 구간에서 운동하고 끙끙 앓다가 빠르게 포기한다고 한다. 역시 뭐든지 적당히, 꾸준히 하는 것이 좋다.

핸드폰을 침대에서 떨어진 곳에서 충전하고, 알람이 꼭 필요하면 방 바깥에 두고 자는 습관을 들이자. 핸드폰을 곁에 두고 자는 습관이 수면의 질을 떨어트린다는 것은 모두가 아는 자명한 사실. 일단 멀리 있으면 가지러 가는 것이 귀찮아서라도 자기 전 핸드폰을 덜하게 된다. 별것 아닌 작은 변화인데 큰 변화로 이어진다.

아침에 눈을 뜨면 침대에서 갑자기 튕겨 나오는 습관을 바꾸자. 깼다면 침대에서 나오기 전에 1분 정도 복식 호흡을 하자. 아침에 침대에 누워서 무릎을 접고 양손으로 갈비뼈를 가볍게 감싸 안아보자. 코로 천천히 숨을 들이마실 때 흉곽이 양옆으로 움직이는 느낌을 느껴보자. 흉곽이 좌우, 앞뒤로 살짝 넓어지면서 차례대로 배가 부푸는 느낌으로 숨을 들이마시고, 천천히 코로 내쉰다. 흉곽은 벌어지지 않으면서 배만 뽈록뽈록 움직이는 것은 제대로 된 복식 호흡이 아니니, 다시 연습해보자. 10번 정도 천천히 호흡해보자.

잘 때 너무 더운 환경은 피하자. 두꺼운 옷을 껴입든, 전기장판을 5로 맞추든, 잠자리가 너무 따뜻하면 오히려 잠이 안 온다. 따뜻한 샤워 후 잠이 잘 오는 것도 데워졌던 몸의 체온이 서서히 내려가며 잠들기 좋은 상태가 되기 때문이다. 물론 너무 추운 것도 수면에 지장을 준다. 온도뿐만 아니라 위생 등 수면 환경이 수면에 미치는 영향은 작지 않다.

머리카락이 푸석푸석하고, 단 게 자꾸 당기고, 감기가 잘 걸린다면 식단을 살펴 단백질 섭취가 충분한지 살펴보자. 단백질은 콩, 두부, 아보카도, 주꾸미, 굴, 새우 등 각종 해산물, 달걀, 육류 등에 풍부하다. 그리고 단백질 보충제는 '보충제'임을 염두에 두자.

무리하게 식단을 조절하려고 애쓰기보다 먹고 싶은 거 다 먹으면서 천천히 먹어보자. 먹을 때 TV 안 보기, 그리고 한 입 먹고 숟가락을 살포시 내려놓는 것이 도움이 된다. 30분 동안 먹도록 도와주는 모래시계도 있다. 놀랍게도 천천히 먹는 것만으로 소화가 잘 되고 화장실도 잘 간다.

틈틈이 내 몸에 신경 쓰는 것이 어려울 때 스마트워치가 제 역할을 한다. 너무 오래 움직이지 않으면 '움직이세요!'라는 알림이 뜨도록 설정할 수 있다. 요즘 스마트워치는 수면 분석도 되고, 심박수나 산소포화도, HRV 등 건강 지표를 바로 확인할 수 있어서 자동으로 내 몸을 살펴준다. 가볍고 편안하면서도 건강 지표 트래킹에 최적화되고 너무 많은 기능으로 내 일상을 침해하지 않는 스마트워치를 사고 싶었다. 위의 기준에 따라 Fitbit Charge 5 모델을 쓰고 있다.

일

*

오래, 즐겁게 일하기 위해

지켜서 나아가기

"잘하고 있는 것도 써주시면 더 좋을 것 같아요."

동료의 업무에 피드백을 달았는데, 그 피드백에 이렇게 피드백이 왔다. 별다른 생각 없이 '넵' 하고는 말았다. 문득 의문이 들었다. '잘하고 있는 것? 잘하고 있는 것은 고칠 필요가 없는데 왜 남겨달라고 했을까? 낙담하지 않도록 독려하기 위해서?'

마침 동료와 차 한잔 하며 이야기를 나눌 기회가 생겨 물어보았다. 독려의 의미도 있지만, 잘하는 것도 함께 말하는 게 중요한 이유는 '그래야 잘하는 것을 잘하는 줄 알고 고치지 않을 수 있기 때문'이라는 답이 돌아왔다.

그러고 보니 보통 고쳐야 할 것은 단지 고쳐야 하기

때문에 디테일하게 전달하지만, 좋은 것은 왜 좋은지, 어떤 게 좋은지 정확하게 전하지 않았다. 그건 내가 피드백할 때도 그렇지만, 스스로에게 피드백을 줄 때도 마찬가지였다.

성장에는 여러 방식이 있을 수 있다. 잘 못하는 것을 고쳐서 나아가는 방법도 있지만, 잘하는 것을 지켜서 나아가는 방법도 있을 터였다. 내 것을 지켜내서 성장하는 것을 크게 의식해본 적 없는 나로서는 고치면서 성장하는 것보다 어렵고 생소하게 느껴졌다. '음, 머리로는 알겠는데 실제로는 어떻게 적용하는 거지? 잘하는 것을 지킨다, 나의 것을 지킨다는 건 아직 내게 잘 와 닿지 않는구나' 하고 말았다.

같은 시기에 상담 선생님이 조심스럽게 던진 코멘트가 마음에 남았다.

"지언씨는 한 번 주변 사람들에게 마음을 열면 이게 나한테 맞는지, 이게 좋은 건지 판단하지 않고 상대 것을 그대로 받아들이는 경우가 있는 것 같아요. 아무리 좋은 의도로 건넨 것이라고 해도 내게 도움이 되지 않는 것도 있는데, 일단 받아들이고 보는 경우가 있는지 살펴볼 필요가 있을 것 같아요."

내 것은 홀라당 뒤로 한 채 무작정 상대의 평가가 옳다고 여기며 나의 부족한 점을 메우기에 바빴던 게 아닐까? 그렇게 내가 알고 있는 것, 내가 해오던 것 중 좋은 것을 남기고 인정해주는 과정 없이 피드백을 흡수하다 보니 막상 좋은 것들은 소중하게 여기지 않고, 부족한 것만 계속 들여다보고 있었다. 부족함을 알아채고 고쳐나가는 것도 중요하지만, 내가 잘해오던 게 뭔지 알고 그걸 지켜내는 것도 성장의 한 방식임을 잘 몰랐다.

아직도 가까운 사람의 의견은 일단 자동으로 받아들일 준비가 되어버리는 게 문제라면 문제다. 누군가가 '이걸 바꿔 달라. 이 부분을 채우면 어떻겠냐'고 하면 나에게 한 가지 질문을 던져본다. 지금 여기서 내가 지켜내야 하는 건 없을까? 내가 이걸 바꾸면 원래 잘하고 있던 부분까지 해치게 되는 건 아닐까? 부족함을 메우는 과정 앞에 딱 한 가지 질문을 추가하는 연습을 해보고 있다.

별점 세 개를 받았다

처음으로 운영하는 서비스가 별점 3개를 받았다. 이게 뭐라고, 별점 3개를 악플처럼 받아들이는 나를 발견했다. 수업을 진행하면서 수많은 자기혐오가 쏟아졌는데, 이 별점으로 그 생각들이 모두 맞았다는 확인을 해주는 것 같은 기분이 들었다. '내가 뭘 잘못한 걸까. 시스템에 문제가 있는 걸까. 역시 내가 게을렀나?' 잠을 자려고 누웠더니 오만 생각들이 쏟아졌다.

자기혐오는 화살이나 칼처럼 뾰족하고 실체가 있기보다는 은근슬쩍, 스멀스멀 피어나는 안개처럼 다가온다. 또렷하게 보이는 어떤 물체가 아니고, 배경에 깔려있달까. 세계에서 가장 공기가 나쁜 지역에 살았던 친구의 말로는 어느 시점부터는 경각심이 떨어져서 마스크도 종종 잊게 된다고 한다. 자기혐오라는 것도 익숙해지면 자기혐오를 하고 있다는 사실 자체를 잊게 되는 탓에 의식적으로 주의를 기울일 필요가 있다.

내가 나에게 쏟아내는 자기혐오적인 말들은 대체로 비슷하다.

'한심하다' '게으르다' '왜 사냐'

정말 저런 말들이 또렷하게 귀를 때리는 경우는 없다. 다만 어렴풋이 전달될 뿐이다. '내가 나에게 이런 말을 하는구나!' 명확하게 알게 되는 건 주로 누군가 나에게 어떤 말을 했는데, 두고두고 곱씹게 될 때다. 어쩌면 그 사람이 나에게 유난히 아픈 말을 한 게 아니라(그럴 수도 있지만), 내가 나에게 수십 번씩 하고 있었던 말이기에 무게가 실리는 것이다.

내가 나에게 하는 자기혐오적 표현이 신뢰하는 동료가 던진 쓴소리와 다른 점이 있다면 별다른 인사이트를 주지 못하고, 나를 오히려 정체시키는 경우가 많다는 게 아닐까. 꾸짖음으로 변화할 일 같으면 진작 바뀌었을 것이다. 오히려 이게 내 발목을 붙들고 있지는 않은가 떠올려 보아야 한다.

자기혐오성 코멘트들을 자세히 보면 나의 핵심 가치로 이어진다. 나에겐 바로 성실이다. 예전에 한 치유 프로그램에 참여하면서 들었던 말이 떠오른다. 누구에게나 채워도 채워도 채워지지 않는 항아리가 하나쯤은 있다고. 이 항아리는 각자에게 너무 소중한 항아리이기 때문에 성에 차지 않아서 항상 더 채우려고 든단다. 그런데 각자가 자신의 항아리를 아주 중요하게 생각하기 때문에 실제로는 이미 충분하게 채워져 있다고 한다. 그 항아리가 사랑이든, 자유든, 도전, 성취, 친절이든 말이다. 아마 '나는 너무 이기적이야!'라고 스스로 채찍질하는 사람이라면 실제로는 이타적이고 친절한 사람일 확률이 높을 것이다. 나를 객관적으로 바라보면, 다른 건 몰라도 성실의 항아리엔 물이 꽤 차있는 듯하다.

기막힌 우연으로 별점 세 개가 달린 후기를 눌렀다. 그 사람이 이제까지 남긴 후기 리스트가 나왔고, 믿을 수 없을 만큼 긴 후기 내역이 있었다. 들렀던 백반집부터 주유소까지, 데이터 분석을 해도 좋을 만큼 끝이 없는 리스트였고, 별점이 5개인 곳은 한 군데도 없었다. 내가 얼마나 힘을 실어 나를 판단하고, 밀어냈던지 무릎이 풀리는 기분이 들었다. 마음에 안개가 자욱한 것은 여전하지만,

내가 이 안개들을 구태여 붙잡으려 눈물 미스트를 뿌릴 필요는 없다는 걸 알았다.

잘 쉬기 위해 예측 가능하게 일하기

그만해도 될까? 쉬지 못하는 순간을 자세히 들여다보면 일에 대한 불안이 도사리고 있다. '뭔가 문제가 생기지 않을까?' 하는 생각에서 비롯된 막연한 불안감이다. 두 발 뻗고 잘 잔 날들을 돌아보면 '지금 자도 큰 문제가 생기지 않을 만큼은 해내고 있다'는 확신이 드는 날들이었다. 오늘 내가 일을 더 하지 않아도 괜찮을지 확신하지 못하는 건 일의 예측 가능성이 떨어진다는 의미일 수 있다. 편안하게 잠드는 날이 지금보다 딱 1.5배만 늘어도 대성공 아닐까.

일의 예측 가능성을 높이려면 업무 관리가 잘 되어야 한다. 업무 관리가 실패하는 데에는 주로 세 가지 이유가 있다.

첫째, 일이 얼마나 큰 뭉텅이의 일인지 모른다. 둘째, 마감 없이 일하거나 마감이 있는데 마감을 모른다. 셋째, 일을 하는 데 얼마나 걸리는지 모른다. 나는 어떤 부분에 어려움이 있는지 한번 살펴볼 필요가 있다.

먼저 지금 하는 일이 얼마나 큰 뭉텅이의 일인지 모른다.

몇 개월이 넘어가는 큰 단위의 일, 예를 들어 '원고 집필'이라는 일 안에 숨어 있는 일을 차근차근 써봤다. 전체적인 얼개를 짜보고, 아이템도 꼭지별로 정리해보고, 써보고 싶은 메시지를 뽑아보는 업무가 있겠고. 그리고 실질적으로 원고를 쓰는 일, 그다음 원고 수정도 해야 하니까 수정 업무도 써두고, 중간에 편집자에게 공유하는 것도 따로 넣어두었다. 이렇게 일을 잘게 쪼개어 보면 프로젝트 전체를 볼 수 있기 때문에 앞으로 한 달 동안은 어느 정도의 업무를 마치는 것이 안전하고, 그 업무를 하루에 어느 정도 처리하는 것이 필요한지 설정해볼 수 있다.

어떤 일들이 숨어 있는지를 구체적으로 정리하는 것은 쉬울 때도 있고, 어려울 때도 있다. 완전히 처음 해보는 업무가 아닌 경우에는 대략 어느 정도 사이즈의 업무인지 파악할 수 있고, 구체적으로 업무를 나열하는 데도 어려움이 없지만, 일의 내용이 새롭거나 함께 일하는 사람들이 달라지는 경우에는 잘 가늠이 되지 않는다. 후자의 경우에는 일단 한번 상상력을 발휘해 추산해본다. 그다음 내가 어림잡은 것보다 1.5배에서 많게는 2배가량 더 소요될 수 있으니 여유 있게 계획을 늘려본다. 만약 일정 조절이 나의 권한이 아니라면 최소한 이러한 상황에 대해서 팀에 미리 공유해두는 것이 좋다.

새로운 일을 시작하기에 앞서 일 안에 포함된 숨은 일을 상세히 명시해본다. 적어보면 내가 이 일의 크기와 내용을 얼마나 잘 파악하고 있는지, 이 일이 그르쳐질 위험 요인은 어디에 있는지 확인할 수 있다. 직접 업무를 처리하면서 늘 내가 생각지 못한 업무들, 혹은 지연되는 업무가 생겨난다. 자꾸 잊게 되지만 모든 일은 잘하기까지 시행착오를 거친다. 업무 관리를 잘하는 데에도 절대적인 시간과 경험이 필요하다는 것을 잊어서는 안 된다.

"천천히 천천히, 마음이여. 모든 것은 정해진 속도로 일어난다. 정원사가 백 통의 물을 날라 주어도 열매는 계절이 되어야만 열리느니" - 까비르

그다음으로 마감 없이 일하거나 마감을 모른다.

업무마다 마감을 적어본다. 마감을 명시하는 습관을

들이면 일의 예측 가능성을 높이고 불안을 줄이는 데 도움을 준다. 저마다의 일에 마감을 하나하나 적다 보면 마감을 정하기 어려운 업무들을 꼭 발견하게 된다. 이런 업무를 두고 '왜 자꾸 미루고 있지?' 하며 전전긍긍할 필요가 있을까. 마감을 정할 수 없는 업무라면 굳이 하지 않아도 되는 업무일 가능성이 높다. 마감을 적기 어려울 땐 아예 업무 리스트에서 과감히 지워버리는 게 도움이 됐다. 사실상 불안감만 높이고 끝끝내 하지 않을 업무라는 걸 받아들이며.

업무의 시급성과 중요성은 사실 다른 문제이지만, 정말 중요한 문제라면 시급성도 높아진다. 그렇기 때문에 '진짜' 중요한 업무에는 길게나마 마감이 있다. 기한을 명시화하면 두루뭉술할 때보다 그 업무를 끝마칠 확률도 높아지고, 당장 이번 주에는 손을 대지 못했어도 스스로 받아들일 수 있기 때문에 불안이 줄어든다. 미룬 게 아니라 아직은 다른 업무들이 중요도도, 시급성도 높다는 걸 직접 보고 확인할 수 있다는 게 중요하다.

3개월이든 6개월이든 프로젝트의 마감일이 여유 있는 경우에는 그 일을 그 시점에 마무리하기 위한 작은 마감을 세워둔다. 마감을 명시화하고 나누는 과정은 결국 일을 몰아치지 않고 적당한 단위로 일을 쪼개어 하는 습관을 들이는 것이다. 자꾸 일을 몰아서 하다 보면 결과물의 완성도도 성에 차지 않는 일이 생기고, 건강까지도 상할 수 있다.

마지막으로 일을 하는 데 얼마나 걸리는지 모른다.

일을 하는 데 얼마나 걸리는지 모른다는 건 두 가지로 해석할 수 있지 않을까? 첫 번째로는 나의 능력치를 모른다. 말 그대로 이 일을 어느 정도 시간 내에 처리할 수 있는 사람인지 스스로 모르는 경우다. 자신이 처리하기에 버거운 일이 주어졌는데 그걸 객관화해서 보지 못한다면 어떨까. 업무를 맡았다가 기한 내에 마치지 못하든, 목표를 달성할 수 없는 미진한 결과물로 마무리되든 끝내 실패를 경험하게 될 것이다. 기대보다 내 역량이 부족하다는 것을 처음에는 받아들이기 아플지 몰라도, 문제의 본질을 파악하지 못하면 계속 문제가 반복된다. 결국 부족함을 받아들이는 것도 딴 사람을 위한 게 아니라 나의 행복과 성장을 위한 과정이다.

나의 역량을 파악하는 데에는 시간을 재면서 일해보는 것도 큰 도움이 됐다. 재작년 팀원들과 함께 시간을 재면서 일해 보았다. 일할 때 시간까지 재면서 일하는 게 지나치게 분초를 다투면서 살아가는 것처럼 보일지 모르지만, 내 역량이 조금 더 객관화된 숫자로 드러나기 때문에 효과적이다. 기획안을 쓰는 데 3시간이 걸릴 거라고 짐작했는데 실제로는 6시간이 걸렸다면 어떨까. 조금 더 내 역량을 객관적으로 파악하게 된다.

두 번째는 한정된 리소스를 파악하지 못하는 것이다. 이번 일주일에는 여러 미팅과 외부 행사로 실제 일할 수 있는 시간은 딱 20시간뿐이었는데 그걸 모르고 평소처럼 35시간 정도의 리소스가 확보되어있다고 착각한다면, 일이 그다음 주로 밀리게 되는 건 당연하다. 어느 순간부터는 '역시 나는 일을 잘 못하는 사람인가' 하고 우울해지거나 불안해진다. 가장 참혹한 건 실패할 수밖에 없는 상황으로 내가 나를 몰고 가는 것이다.

작은 성공의 경험은 그다음 작은 성공을 부른다. 실패가 성공의 어머니라는 말에는 동의하기 어렵다. 실패 후 다음 실패를 하지 않기 위한 목표 조정 없이는 계속해서 실패할 확률이 높다. 나아가기 위해서는 소소한 성공이라는 긍정적인 경험이 필요하다. 일이 예측 가능해질 때 소소한 성공이 늘어나고, 불안이 줄어들고, 자신을 건강한 상태로 유지할 수 있다. 그래야 다음 시도가 또 다른 성공으로 이어질 가능성이 높아진다.

*

    잘 쉬고 싶을 때는 몸과 마음이 잘 쉬는 방법에 대해 연구하는 것도 필요하지만, 업무 관리력을 키워 일의 예측 가능성을 성실하게 사수하는 것도 도움이 된다. 하나로 퉁쳐진 일 안에 얼마나 많은 일이 숨어 있는지 파악해본다. 그리고 내가 어떤 일을 하는 데 얼마나 걸리는 사람인지 그냥 아는 게 아니라 가능한 한 잘 알도록 한다. 일의 완성도도 완성도지만, 일에 대한 통제감은 제정신으로 사는 데 큰 도움이 된다. 큰 문제가 생기지 않을 정도로는 충분히 잘 해나가고 있다는 감각을 매일 지켜낼 수 있기를 바라본다.

열심히 하는데 왜 안 되지?

'열심히 하는데 왜 안 되지?'

 작년 한 해는 이 고민을 달고 살았다. 개인이 일하는 방식도, 팀으로서 일하는 방식도 빠르게 고쳐나갔고 우리 모두 정말 '열심'이었다. 이제 한팀이 되었다고 느꼈을 때 자금이 바닥을 쳤다. 투자받은 시점에 펼쳤던 그림을 아예 다시 그려야 하는 상황이 되어, 2년 전 다시는 하지 않으리라 다짐했던 일(해고)을 또다시 해야만 했다. 괴로웠다. 2년 전이 되풀이되고 있다는 것은 우리가 실수에서 배워야 할 것을 배우지 못했다는 의미로 다가왔다. 자기 비난이 깊어지고 다시 같은 질문이 뇌리에 맴돌았다.

 11월이 되자 나와 영은, 기술을 도맡아온 파이만 팀에 남았다. 사무실을 정리하고 회사를 최소한의 운영체제로 바꾸고 나니 실무가 많이 줄어들었다. 이제부터는 많은 것들을 고민해야 하는 일이 남았을 뿐, 그 고민의 답에 도달하기 전까지는 실질적인 업무를 하는 것이 더 이상 중요하지 않았다. 열심히 하기를 멈추고 나니 시간이 생겼고, 시간이 생기니 불안했고, 불안에 끌려 굳이 하지 않아도 되는 일을 만들다가, 이내 알아차리고 정말로 멈춰 섰다. 무언가가 새로 채워질 공간이 생겼다. 그리고 그 좁은 공간으로 미뤄둔 질문들이 쏟아져 들어왔다.

대체로 중요한 질문들이었다. 가장 큰 패착은 무엇이었을까? 지금 무엇을 배워야 할까? 지금 우리 사업은 어디에서 막혀있는 걸까? 고객의 무슨 문제를 풀어야 할까? 이 질문들에 답을 하려고 보니, 결국 가장 답하고 싶지 않았던 질문으로 돌아오게 되었다. 꼭 이 길이어야만 하나? 나는 정말 어떤 삶을 살고 싶은 걸까? 질문 자체를 받아들이기가 힘겨웠다. 준비된 답안처럼 늘 생각해오던 답은 편안하게 느껴졌는데, 정말 진실한 답은 어찌나 불편하던지 감당하기 어려웠다.

그때쯤 '열심히 하는데 왜 안 되지?'라는 질문이 새롭게 보였다. '오히려 내가 너무 열심히 했던 게 아닐까'라는 생각이 들기 시작했다. 열심히 한다는 건 상황에 100프로 몰입하고 있다는 뜻이었고, 몰입이라는 두 글자는 내게 무조건 긍정할만한 것이었다. 하지만 몰입에도 양면이 있었다. 몰입할 때는 내가 하고 있는 것 외에는 보이지 않았다. 목표를 찍어두고 경주마처럼 달리는 상태에서는 내가 지금 어디로 가고 있는 것인지 바라보기가 쉽지 않아서, 내가 가는 길이 정답 같고, 이 길만이 내 삶 같았다. 그 순간에 '나'는 사라져버리고, '길'만 남아있었다.

열심이라는 건 보통 주어진 환경에서 최선을 다하는 경우가 아닌가. 이제껏 주어진 환경에서는 열심히 해서 잘하자는 주의로 살아왔다. 그렇게 해서 얻게 된 기회들도 많았으니까. 하지만 주어진 환경에서 최선을 다하는 것이 당연하다는 것은 타성에 길들여져 있다는 의미이기도 하지 않을까. 모든 게 다 나의 문제는 아니다. 내가 아무리 열심히 해도 지금과 같은 방법으로는 결코 탈피할 수 없는 구조의 문제일 수도 있다. 그런데 구조를 고민하기보다는 구조에 순응하고 그 규칙에 따라 열심히만 플레이해왔다는 생각이 들었다.

무작정 열심히 하며 게으름을 피워왔구나. 스스로 질문하고 고민하는 데에는 게을러졌던 거다. 열심히 한다는 건 방향을 점검하고, 나에 대해 성찰하고, 불편한 질문에 답하는 일보다 더 편안하고 쉬운 일이니까. 할 일 없이 며칠 가만히 앉아있다 보면 숨어있던 중요한 고민들이 생각의 지평선 위로 떠오른다. 지루한 시간 없이 중요한 문제를 풀어나갈 수 있을 거라는 생각, 비우지 않고 새롭게 채워질 수 있다는 생각은 앞뒤가 맞지 않는다.

'열심히 하는데 왜 안 되지?'라는 질문을 '열심히 하기 때문에 안 되고 있는 걸까?'로 바꿔보았다. 아무리 열심히 풀리지 않는 매듭을 지어보려고 애써보더라도, 견고함에선 제대로 배워서 지은 매듭 하나만 못했다. '열심히'보다 '제대로', 그리고 성찰을 통해 '나의 기준에 근거해서' 걸어 나가는 것이 단연코 더 중요하다. 그래서 마지막 용기 한 방울을 짜내서라도 열심히 하지 않겠다고 다짐했다. 열심히 하지 않는 시간을 통해 고민에 부지런해졌다. 지루해 죽겠는 시간이야말로 내가 어떻게 사는지 돌아보고, 내가 어떤 구조에 속해있는지 날카롭게 성찰할 수 있도록 나를 몰아세웠다.

안타깝게도 열심히 하지 않는 시간을 갖기란 참 어려운 일이 되어버린 것 같다. 우리는 보통 열심히 하는 것에 대해서는 무조건 좋게 바라보고, 열심히 하지 않는 시간을 단순한 게으름으로 깎아내린다. 열심히 하지 않는 시간을 진정으로 이해해주는 부모님, 연인, 친구가 몇이나 될까. 허송세월하는 것처럼 보이는 그 시간을 믿어주고 지지해주기란 얼마나 어려운 것인가. 하지만 그 시간이 경주마처럼 달리는 몇 달, 몇 년의 시간을 구하고 있을 수도 있다. 아니, 구하고 있는 것이 틀림없다. 불안해하면서도 멈춰서는 데에는 얼마나 많은 용기가 필요한가.

가까이에 열심히 하지 않는 시간을 견디고 있는 이가 있다면 그 용기에 시선을 보내줬으면 좋겠다.

살아남기 위해 필요했던 것들

'상식은 그렇게 흔한 것이 아니다.'

볼테르의 말처럼 처음 사업을 시작했을 때는 마음 건강에 관한 인식 자체가 거의 없었다. 일상적인 일을 수행하는 게 힘에 부치고, 좋아하던 것들을 해도 아무런 감흥이 없고, 매일 제때 잠들지 못하는 상태를 고백해도, 그게 우울증일 수 있다는 걸 십중팔구는 모르고 있었다. 마음이 아프면 어느 병원에 가야 하는지, 상담 센터에 가야 하는지, 어떤 상담사를 어디서 수소문해 찾아야 하는지 나부터도 알 수 없었다. 마음이 아픈 사람들은 많았지만, 제때 제대로 된 도움을 받지 못하고 있는 게 확실했다. 그렇다고 적절한 서비스가 없는 건 아니었다. 다만 심리학계는 시장에는 관심이 없어 보였고, 상담사들은 서비스 공급자로서 자신을 적절히 마케팅할 줄 몰랐다. 여러 마음건강 서비스와 실제 이 서비스가 필요한 사람들 간에 영원히 좁힐 수 없을 것 같은 간극이 있었다.

매일 아침 문장을 보내주는 '왈'로 시작해, 출근길 전용 오디오 콘텐츠 '왈이의 아침식땅'을 만들었다. 우리의 목소리는 너무 작고 미약했다. 어떤 분야든 그렇겠지만, 이 문제를 해결하려면 국가의 도움이 필요하다고 생각했고, 정부에 목소리를 낼 기회가 있다면 되도록 참여하려고 했다. 청년 마음건강 포럼에서 청년들의 자조 모임을 제안한 게 좋은 의제로 선정되어 무슨 무슨 상을 받아도, 막상 도움이 필요한 청년들을 대상으로 자조 모임을 운영하기 위해 국가 지원을 알아보자 정부에서는 영리 사업이라는 이유로 지원해줄 수 없다고 했다. 우리 팀의 비전은 초장부터 '청년들의 출근길 표정을 바꾸자!'였다. 일반적인 사업체에 비하면 우린 너무 사회적 미션이 강해 '비영리 같다'는 말을 들었고, 사회적 기업이나 비영리 단체보다는 '너무 영리적'이었다. 여기에도, 저기에도 속하지 못했다.

문제를 푸는 방법의 하나가 국가 정책과 시스템을 바꾸는 일이라면, 또 하나는 기술적으로, 사업적으로 그 문제를 누구나 쉽게 해결할 수 있도록 바꾸는 게 아닐까. 우리 팀의 정체성은 콘텐츠를 만드는 사람들에 가까웠고, 마음 건강 문제를 정보 중심의 미디어로 해결해보고 싶다는 생각이었다. 그런데 미디어는 엄청나게 노동 집약적인 서비스였고, 살아남으려면 시간을 벌어야 했다. 결론적으로 돈이 필요했다.

그래서 투자자들을 만났다. 그들은 하나같이 비즈니스를 '혁신'(그놈의 혁신)할 기술 기반의 팀을 찾는다고 했다. 삐비빅. 스타트업 번역기를 돌리자면 우리에게는 개발자가 없다는 소리였다. 기술 인력이 없는 팀에게는 스타트업 신에서 엉덩이 비비고 앉을 틈이 없었다. 이후로 우리는 마음 건강 관련 정보를 집약한 미디어에서 오리지널 콘텐츠가 있는 명상 서비스로 방향을 전환했다. 당장 돈을 벌 수익 모델이 필요해서였다. 그렇게 그냥 스타트업도, 사회적 기업 혹은 임팩트 스타트업도, 그렇다고 이태원 소상공인 조합원도 아닌 채로 어떻게든 버텼다. 버티다 보니 사람들이 우릴 보고 살아남았다고 했다. 그제야 살아남았구나, 싶었다.

그 사이에 우리는 두 번의 투자를 받았다. 투자를 받으며 진짜로 우리가 받은 건 돈보다는 이제까지 없었던 사업적인 인정이 아니었을까 싶다. 너희도 사업적으로 의미 있는 성과를 낼 수 있을 거라고 그 잠재력을 인정받았던 것 같다. 안타깝게도 투자금의 효력은 거기까지였다. 우리가 그런 돈을 다룰 능력이 부족하기도 했지만, 투자금이라는 것의 생리를 몰랐다. 투자금을 사용하는 방식에는 늘 제약이 있었다. 투자받은 돈은 C레벨들의 편익을 위해 쓰는 것이 아니라 새 사람(특히 개발자)을 뽑고, 사무실을 빌리고, 새로운 제품을 만드는 데 사용해야 했다. 받은 돈은 사업을 '규모'(그놈의 규모) 있게 키우기 위한 돈이었고, 100명을 1,000명으로 만드는 것이 중요했다. 이러한 제약은 정부 지원 사업도 마찬가지였다.

이 모든 제약은 말이 되면서도 말이 되지 않았다. 일이 되게 하는 건 우리였기 때문에, C레벨의 '편익'은 생존의 문제였다. 우리가 생활할 수 있는 게 결국 일이 되게 하는 방법이기도 했다. 게다가 애초에 100명을 1,000명이 되게 하는 데 1년이 걸리는 사업이 있고, 10년이 걸리는 사업이 있을 수 있다. 속도는 단순히 시장 상황 외에도 선택에 따라 얼마든지 조절할 수도 있다. 하지만 투자금과 지원금은 늘 돈을 써야 하는 곳과 속도가 모두 어느 정도 정해져 있었다. '정답'이 있었다. 우리 돈이지만, 우리 돈이 아니라는 걸 몰랐다.

두 번째 투자금을 거의 3분의 2가량 소진했을 때 또다시 투자의 기회가 왔다. 돈이 필요할 때는 돈을 주겠다는 작은 제스처가 얼마나 강렬한 희망을 주는지 모른다. 그럼에도 다시는 투자 받고 싶지 않았다. 우리의 진심을 확인할 수 있는 기회였다. 쓸 곳과 쓰는 속도가 정해져 있는 투자금은 오히려 우리가 가려던 방향을 뒤흔들어 놓았고, 우리는 그들이 원하는 대로 사업을 키워나갈 생각이 없었다. 너무 늦었지만, 앞으론 되든 안 되든 우리 방식대로 회사를 운영하기로 했다.

"우리가 살아남는 데 진짜 도움이 되었던 게, 진짜 필요했던 게 투자금이 아니라면 뭐였을까?"

좋아하는 카페에 앉아서 영은에게 물었다. 그러게. 정말 우리를 살아남게 한 건 뭐였을까. 잠시 기억 저편으로 잊힌 사람들이 떠올랐다. 내가 "처음을 떠올려보니까…"라고 운을 띄우자, 너나 할 것 없이 "지연 님!"이라고 소리쳤다. 이 분야에서 처음 자리 잡을 수 있게 도와준 건 한 상담심리사 선생님이었다. 청년 마음건강 관련 포럼에서 처음 뵈었다. 첫인상은 투사 같았다. 우리가 청년 대상으로 마음 건강에 대한 콘텐츠를 만드는 것을 알고 적극적으로 협업을 하자고 먼저 손을 내밀어 주셨다. 그때 신이 돕기라도 한 것처럼, 우리는 운 좋게 같은 사무실을 각각 다른 경로로 지원받았다. 같은 공간을 공유하는 덕분에 거의 매일 얼굴을 보고 이런저런 이야기를 나눴다. 아마도 이제껏 가장 의미 있던 코워킹이었을 것이다.

지연 샘과 함께 프로그램을 운영하며 우리는 종종 부딪혔는데, 하루는 샘이 프로그램비에서 최대한 많은 부분을 식비로 할당하자고 주장했다. 인당 1만 원 이상의 예산을 식비로 쓰자는 말에 당황했다. 지연 샘은 사람 마음은 대접받는 식탁에서부터 달라진다고 했고, 결국 회기마다 인당 1만 원 이상의 예산으로 음식을 정성껏 준비했다. 타이트한 예산으로 진행되는 프로그램으로서는 흔치 않은 일이었다. 사람들의 마음이 들어올 때보다 나갈 때 나아지는 것에 집중하는 게 본질이라는 것, 그걸 위해 어디서부터 어디까지 꼼꼼하게 챙겨야 하는지 보고 배웠다.

2021년에는 파이가 있었다. 파이는 우리가 회사를 꾸리고선 한 번도 가져보지 못했던, 늘 꿈꿔왔던 유니콘, '사수'가 되어줬다. 회사를 직접 운영해본 파이는 어떻게 해야 팀으로 일할 수 있는지, 어떻게 사람을 다루는지, 어떻게 시간 관리를 해야 하는지를 처음으로 친절하게 알려줬다. 자기 사업처럼 헌신적으로 고민해줬고, 내가 원하는 것이 무엇인지 물어봐 줬다. 그가 없었다면 그 1년 동안 얼마나 더 헤맸을지 의문이다.

며칠 뒤 영은이 한 기사를 보여줬다.

"일본 만화가들이 모여 지내면서 서로 아이디어도 주고받고 하던 주택이 있대. 선배들이 후배 대신 월세를 내주기도 하고 그런. 그게 키토와 장인지, 토키와 장인지. 아 모르겠다. '토끼 장'이라고 하자. 우리한테 필요한 것도 그런 거 아니었을까. 주거 지원. 생활비 지원. 나보다 조금 앞서서 비슷한 길을 걷는 사람들과 자주 만나서 밥 한 끼 할 수 있는 곳. 근데 우리한테는 생활비 지원은 없었다, 그치."

"그런가? 명란젓 지원은 안 쳐주나."

당시 우리의 주거비를 지원해준 선배는 없었지만, 명란젓을 지원해준 엄마들이 있었다. 본가에 갔다가 명란젓을 좋아하는 엄마의 냉장고에서 명란젓 한 통을 몰래 빼돌렸다. 엄마가 그걸 알고는 집으로 명란젓을 보냈다. 명란젓은 내가 사 먹기엔 너무 비싼 반찬인데, 텅 빈 냉장고에는 명란젓이 풍년이었다. 어느 날부터는 영은 어머니가 달걀을 40개 보내주셨다. 그리고 한 달쯤 있다가 '달걀 떨어졌니?' 물으셨다. 그때부터 지금까지 달걀이 끊인 적이 없다. 명란과 달걀만 있으면 한 끼 뚝딱이지 않나. 그 무엇보다 실질적인 도움이었다.

    둘 다 생각에 잠겨 잠시 말이 없어졌다. 갑자기 많은 얼굴이 떠올라서였다. 우리는 너무 많은 이들의 '토끼 장'에서 뛰어놀았구나. 우리에게도 선배들이 있어서 가까스로 여기까지 버텼다. 나는 꿈을 물어보는 사람을 좋아하는데, 그건 내 꿈을 이야기할 준비가 언제나 되어있기 때문이다. 꿈이 뭐냐고 묻는다면 앞으로는 '토끼 장'을 여는 거라고 할 것 같다. '언젠가 열릴 토끼 장에서는 두 가지를 지원합니다. 하나는 그들이 계속해서 이 문제에 매달릴 수 있도록 주거비 등 실질적인 생활비를 지원해드립니다. (써야 할 곳에 자유롭게 쓸 수 있는 돈입니다!) 그리고 또 하나는 조금 앞서서 같은 결의 문제를 해결하고 있는 사람들과 만날 수 있는 자리를 마련해드립니다. 명란 달걀 밥도 상시 제공됩니다!' 뭐, 꿈이야 꿀 수 있는 거니까.

매일 조금씩 적당히

"지언이는 청소를 잘 안 하는데, 한번 하면 아주 끝을 봐."

청소 날이면 온 집안이 시끄럽다. 한번 뒤집어엎기 시작하면 온 집을 돌며 먼지 털고, 청소기 돌리고, 걸레질하고, 화장실을 박박 닦아 광내고, 신발장부터 싱크대 아래쪽 수납장까지 탈탈 털어 정리하고, 밥솥과 전자레인지, 토스터를 닦아 소독하고, 보온 텀블러와 강화유리로 된 락앤락을 과탄산소다와 구연산을 넣어 삶는 것까지 해야 끝이 났다. 청소도 한번 하면 제대로 해야 한다는 생각 때문에 청소 날이면 꼭 손목, 어깨, 목, 허리 안 아픈 곳이 없어 한참을 드러누워 있었다.

어느 날부터 청소가 두려워졌다. '청소'하면 상상 속에서 이미 어마어마한 양의 일들이 나를 덮쳐왔다. 청소가 무서울 지경이 되니 이제는 대놓고 미뤘다. 미루다 보면 청소의 크기가 감당할 수 없도록 불어나서 청소 날이 되면 또 거의 최소 5시간의 중노동을 반복하게 됐다. 실눈을 뜨고 봐도 더러운 상태에서 청소를 시작하다 보니 청소하는 경험 자체가 불쾌했다. 바닥에 굴러다니는 먼지에, 화장실의 찌든 때를 보면 후회와 자책이 머릿속을 들쑤셨다. '돼지우리가 되도록 뭐했니. 사람 구실도 못하는 게 바쁜 척은!'

일을 할 때도 똑같았다. '자, 이제 일을 시작해보자!' 길고 깊게 심호흡을 하며 업무 관리 테이블을 여는 순간 우울해지기 시작한다. '중요도 높음 처리가 된 항목이 세 개나 있구나! 대체 왜 세 개가 됐지?'

하나둘 밀리는 일에 알레르기 반응이 생기기 시작했다. 중요도가 높은 항목들은 그다음 날로 밀려서는 안 되는 업무들인데, 이렇게 꼭 필요한 일일수록 절실하게 미루고 싶은 건 왜일까. 하나씩 미루다 보니, 이 일이 다음 일을 늦추고, 다음 일은 다음다음 일을 늦췄다. '미안하다'고 용서를 구할 일도, 사람도 자꾸 생겼다. 그 와중에 하지 않아도 되는 일로 자꾸 빠져들었다. 통제 불능 상태. 주의 요망.

빨간 등이 켜졌다.

지나치게 하거나 지나치게 하지 않는 건 실은 그 일을 제대로 하고 싶어서가 아닐까. 그놈의 '제대로'. 잘하고 싶으니까 고민이 길어지고, 더 완벽하게 해내야겠다는 부담감으로 시작이 계속 늦춰졌다. 결과물은 일의 크기가 작으면 어느 정도 감당해볼 수도 있지만, 해야 하는 일의 크기가 커지면 결과물이 성에 차지 않게 나오거나 아예 엎어지는 일도 생겼다. 반드시 해야 하는 때가 되면 몰아칠 수밖에 없기 때문에 무리하게 됐다. 자꾸 무리하면 몸이든 마음이든 고장이 났다.

언뜻 보면 나는 그 어떤 지상의 생명체보다 더러운 상태를 잘 견디는 듯이 보였지만, 사실은 청소도 '제대로' 하고 싶었던 모양이다. 살림 유튜브, 블로그, 책까지 뒤져서 티끌 하나 없이 빨아들이는 청소기를 찾아낸 걸 보면 말이다. 하지만 이 청소기는 흡인력이 너무 강한 나머지 청소기를 끌고 다니는 게 너무 버거웠다. 그래서 회사에서 쓰던 가벼운 무선 청소기를 집에 들고 왔다. 무선 청소기는 유선 청소기만큼 성능이 좋지는 않지만 작고 가벼워서 사용하는데 부담이 적었다. 자주 청소기를 돌리다 보니 깨끗한 상태가 거의 유지되고 있다. 완벽하게 하는 것보다 매일 조금씩 하는 것이 확실히 낫다. 진 빠지지 않을 만큼 적당히 하니 청소가 즐거워지기까지 한다. 대충이라도, 조금이라도, 일단 하자. 일단 시작했다면 제대로 해내게 되리라 믿고.

브레이크 위에 발을 올려둔다

요즘 들어 '바쁘다'는 말을 많이 하고 있다. 바쁘다고 말할 때 마음에서 일어나는 약간의 안도감, 뿌듯함이나 우월감을 느끼는 것에 경계심이 큰 편이다. 사실 기준에 따라 안 바쁜 사람은 없고, 마음이 바쁘다는 건 여러모로 별로 매력적인 상태가 아니다. 빽빽하게 채워 넣고 있다는 게 제대로 살아가고 있단 걸 증명하는 지표가 아닌데도, 자칫 바쁨이 주는 안락한 느낌에 홀라당 빠져버릴 수 있다.

또다시 '바쁘다'를 노래하는 내 마음을 좀 들여다보기로 했다. 일 다음 일, 일 다음 일. 일에 대한 모든 생각이 폭포처럼 쏟아졌다. 생각 폭포가 내 본심을 가리고 있었는데, 가장 무겁게 짓누르는 건 무서움이었다. 결코 마주하고 싶지 않은 최악의 상황을 그려두고, 그걸 피해야 한다는 다짐이 순간적으로 폭발적인 힘을 내고 있었다. 내가 두려워하는 것이 정확히 뭔지도 모른 채 공포에 불을 지피며 나아간다. 앞으로, 앞으로.

사실 이번이 처음은 아니다. 브레이크가 고장 난 차에 타고 있다고 생각하며 일할 때 마음이 고꾸라져서 다시 일어서기까지 오래 걸렸다. 질이 좋지 않은 연료를 계속 차에 넣어주다 보니 가끔 말도 안 되는 양의 일을 아주 짧은 시간 안에 해낸 적은 있어도, 오래도록 건강하게 달리지는 못했나 보다.

그래서 일에 쫓길 때 브레이크 위에 발을 올려두는 나만의 의식이 생겼다. 내가 두려워하는 그 끝은 어디에 있는지, 끝에서는 어떤 일이 벌어지는지 마주해보는 거다. 시속 140킬로미터가 넘어서야 갑작스럽게 브레이크를 밟는 대신, 속도를 천천히 올리고 있을 때 브레이크에 살짝 발을 올려놓아 보는 것이 속도 조절에 도움이 됐다. 창업한 이래로 내가 쭉 두려워하는 것은 이 일의 끝이었다. '왈이네'의 끝. 이 일을 정리하는 날은 어떤 식으로든 오겠지만, 전혀 준비되지 않은 끝은 여전히 무섭게 느껴졌다.

어제는 마지막 날을 생각하며 편지를 써봤다. 가능한 한 구체적으로 상상하면서.

안녕하세요. 왈이네 김지언입니다. 이번 달을 마지막으로 문을 닫습니다.

세 명이 여섯 명이 되고 다시 두 명, 또 세 명이 되는 동안 참 많은 일이 있었던 것 같아요. 왈이를 만나 출근길 표정을 바꾼다는 황당한 꿈이 현실이 될 수 있다고 믿으면서, 저희가 할 수 있는 일을 찾아 해왔지요. 카펫을 청소하고, 먼지를 털고, 향을 피우고, 컵을 닦으면서 공간을 매만지는 기쁨을 누리기도 하고, 명상가들을 만나 마음을 이야기하며 같이 휴지 산을 쌓기도, 칠렐레팔렐레 뛰어놀기도 했네요.

덕분에 무서워도 발을 뗄 수 있었어요. 정말 감사했습니다. 앞으로 저희가 어떤 길을 어떻게 걷게 될지는 좀 더 열어두고 고민해보는 시간을 가지려 합니다. 이제까지 저희 둘을 닮은 서비스를 운영해왔기 때문에 어떤 식으로든 맞닿아 있는 일을 하며 살아가게 되겠죠. 또 만날 거예요.

마음단련장에서는 끝을 맺는 의식이 있는데요. 아닛짜(Anicca)라고 말하며 서로 작별 인사를 나누는 거예요.

언제까지고 영원할 것 같은 것도 일시적이잖아요. 시작된 모든 일에는 끝이 있다는 의미인데, 자주 잊어버리곤 하는 최소한의 진실이죠. 마치 오늘을 위해 이런 의식을 준비한 듯 자연스럽게 느껴지네요.

여러분, 모두 아닛짜(All is temporary)

이건 이렇게 팔고, 이건 누구 주고, 이제까지 해온 것들은 어떤 식으로 정리해두고. 나에게 이렇게 말해줬다. '나는 언제든 브레이크를 밟을 수 있어, 이 모든 일에도 끝이 있어. 나에겐 오늘 하루만 있는 게 아니라, 한 달 뒤, 1년 뒤, 운이 좋다면 10년 뒤가 있어.' 막상 쓰고 보니 이 일이 끝이 나면 또 새로운 일을 (이를테면 스피치 학원 강사라든가) 시작하고, 지금과는 다른 즐거움을 누리면서 살아갈 수 있을 거라는 희미한 믿음이 생겼다.

생각은 모호하게 남겨둘 때 가장 압도당하기 쉽다. 약간의 용기를 내서 귀신 소리가 나는 복도에 나가보면 내가 무서워하던 게 창문 틈으로 들어오는 바람 소리라는 걸 알게 되는 것처럼, 무서움에 도망 다니지만 말고 복도에 뭐가 있는지 살펴보자. 이유도 모르고 맹목적으로 달려나가고 있다면 브레이크에 한번 발을 올려놓아 볼 때가 아닐까? '그래, 끝이 있으면 뭐 어때. 아님 말고!'라는 말이 튀어나올지도.

날마다 좋아지고 있습니다
© 김지언, 2023

초판 1쇄 발행 2023년 5월24일

지은이	김지언
펴낸이	김남규
펴낸곳	일토
출판등록	2014년 7월 8일 제2022-000337호
전화	02-577-2846
팩스	02-6280-2845
전자우편	southkim.edit@gmail.com
ISBN	979-11-956119-5-9

이 책의 내용을 재사용하려면 반드시 사전에
저작권자와 일토 양측의 서면 동의를 받아야 합니다.

인쇄, 제작 및 유통 과정에서의 파본 도서는
구입처에서 교환해드립니다.